SAMMLUNG GUTTENTAG

243

Pachtkreditgesetz

mit Durchführungs- und Nebenbestimmungen

Kommentar

von

Dr. S. Sichtermann

Syndikus in Kiel

BERLIN 1954

WALTER DE GRUYTER & CO.

vorm. G. J. Göschen'sche Verlagshandlung — J. Guttentag, Verlagsbuchhandlung Georg Reimer — Karl J. Trübner — Veit & Comp.

Archiv-Nr. 21 1 243

Satz und Druck: Berliner Buchdruckerei Union GmbH., Berlin SW 29

Vorwort

Das Inventarpfandrechtsgesetz vom 9. 7. 1926 ist nur verhältnismäßig spärlich literarisch behandelt worden. Außer 2 Dissertationen (1926 und 1929) und einigen Aufsätzen in rechtswissenschaftlichen Zeitschriften sind nur zwei — wissenschaftlich allerdings hochstehende — Kommentare erschienen, nämlich die Arbeiten von *Wagemann* und *Kiesow* (beide 1926), sowie eine grundrißartige Darstellung für die Praxis von *Michaelsen* (1931). Das mag zum Teil daran gelegen haben, daß die Geltung des Inventarpfandrechtsgesetzes von vornherein auf 10 Jahre begrenzt war. Das Pachtkreditgesetz vom 5. 8. 1951; das das Gesetz vom 9. 7. 1926 mit teilweise nicht unerheblichen Änderungen neu faßte, enthält keine zeitliche Begrenzung mehr. Dennoch ist bis heute keine Bearbeitung des Pachtkreditgesetzes erschienen. Mit Ausnahme von zwei kürzeren Aufsätzen von *Holdermann* (1951) und *Ibbeken* (1954) hat die Verkündung des Pachtkreditgesetzes überhaupt keinen Widerhall in der rechtswissenschaftlichen Literatur gefunden.

Es erschien daher an der Zeit, einen die bisherigen Ergebnisse der Literatur und Rechtsprechung verwertenden zusammenfassenden Kommentar zum neu gefaßten Pachtkreditgesetz vorzulegen und damit eine Lücke im Schrifttum zu schließen.

Kiel, im August 1954. Dr. Sichtermann

Inhaltsverzeichnis

Seite

Vorwort III

Literaturverzeichnis VII

Abkürzungsverzeichnis VIII

1. Teil: Historische Einleitung .... 1—3

2. Teil: Text des Pachtkreditgesetzes vom 5. 8. 1951 .... 4—9

3. Teil: Erläuterungen zum Pachtkreditgesetz .... 10—67

§ 1 Pfandrecht 10
§ 2 Bestellung des Pfandrechts 18
§ 3 Erstreckung des Pfandrechts 22
§ 4 Schutz des guten Glaubens 24
§ 5 Verfügungen über das Inventar 28
§ 6 Haftung für Kosten 31
§ 7 Ausschluß des guten Glaubens bei Grundstücksbelastung und Zwangsvollstreckung 31
§ 8 Schutz des Pfandrechts (actio negatoria) 33
§ 9 Vorbereitung der Pfandverwertung 35
§ 10 Pfandverwertung 36
§ 11 Beteiligung des Pachtkreditinstituts und des Pächters am Erlös 48
§ 12 Drittgläubiger 53
§ 13 Abtretung der gesicherten Forderung 54
§ 14 Erlöschen des Pfandrechts 55
§ 15 Niederlegung des Vertrages 57
§ 16 Einsicht, Pfandfreiheitsbescheinigung 60
§ 17 Zulassung des Kreditinstituts 62
§ 18 Pachtkreditausschuß 64
§ 19 Pachtkreditausschuß 66

4. Teil: Erläuterungen zu ergänzenden Vorschriften .... 68—84

I. Vorschriften des Bürgerlichen Gesetzbuchs 68
1. Das Pfandrecht (Allgemeines), §§ 1204 ff. BGB 68
2. Das Verpächterpfandrecht, §§ 559 ff. BGB 78
II. Vorschriften der Zivilprozeßordnung 81
III. § 117 der Kostenordnung 84

Anhang

1. § 22 der Aktenordnung vom 28. 11. 1934 i. d. F. vom 1. 3. 1939 samt Muster ..... 85—86
2. Allgemeine Verfügung des Reichsjustizministers vom 6. 11. 1939 über die geschäftliche Behandlung der Kapitalkreditbeschaffungssachen (Deutsche Justiz, S. 1719) ..... 87—89
3. Muster eines Inventarverpfändungsvertrages ..... 90—94
4. Liste der im Bundesgebiet zugelassenen Pachtkreditinstitute 95—96

Paragraphenregister 97

Sachverzeichnis 101

Literaturverzeichnis

Baumbach-Lauterbach, Zivilprozeßordnung, 22. Auflage, 1954.

Böttger, Ernst, Anmerkung zum Urteil des RG vom 24. 11. 1933 in JW 1934, 405 = RG 143,7.

Enneccerus-Lehmann, Recht der Schuldverhältnisse, 13. Bearbeitung, 1950.

Fischer-Wöhrmann, Das Landpachtgesetz, 1952.

Grünebaum, Die Mobiliarhypothek, insbesondere am Pachtinventar, JW 1926, 2616.

Henke-Mönch-Horber, Grundbuchordnung, 4. Aufl. 1954.

Heyum, Zum Gesetz betr. die Ermöglichung der Kreditbeschaffung für landwirtschaftliche Pächter vom 9. 7. 1926, JW 1930, 784.

Holdermann, Das neue Pachtkreditgesetz, ZKW 1951, 516.

Ibbeken, Einige Fragen zum Pachtkreditgesetz, Recht der Landwirtschaft 1954, 85.

Isernhagen, Der Pächterinventarkredit unter der IV. Notverordnung, JW 1932, 2371.

Keidel, Fritz und Theodor, Gesetz über die Angelegenheiten der freiwilligen Gerichtsbarkeit, 5. Aufl. 1952.

Kiesow, Wilhelm, Gesetz betr. die Ermöglichung der Kapitalkreditbeschaffung für landwirtschaftliche Pächter, 1926.

Langen-Imgenberg, Aktenordnung, Neuauflage 1951.

Lippmann, F., Das Gesetz betr. die Ermöglichung der Kapitalkreditbeschaffung für landwirtschaftliche Pächter, JW 1926, 2610.

Lippmann, F., Die Auseinandersetzung zwischen Verpächter und Kreditinstitut nach dem Pächterkreditgesetz, JW 1932, 1033.

Marwitz, Der landwirtschaftliche Pachtbetrieb, 1927.

Matiba, Geschäftliche Behandlung der Angelegenheiten des Gesetzes über die Ermöglichung der Kapitalkreditbeschaffung für landwirtschaftliche Pächter, Zeitschrift des deutschen Notarvereins, 1930, 339.

Mentzel, Franz, Kommentar zur Reichskonkursordnung, 5. Aufl. 1937.

Merkel, Anmerkung zum Urteil des RG vom 9. 11. 1933 in JW 1934, 403.

Michaelsen, Herbert, Das Pächterkreditgesetz, 1931.

Palandt, Bürgerliches Gesetzbuch, 11. Aufl. 1953.

Peyser, Zum Gesetz betr. die Ermöglichung der Kreditbeschaffung für landwirtschaftliche Pächter vom 9. 7. 1926, JW 1929, 3279.

Pick, Georg, Das Inventarpfandrecht, Juristische Rundschau 1927, 47 ff. und 65 ff.

Rothe, Willi, Das Inventarpfandrecht nach dem Gesetz vom 9. 7. 1926, Diss. Halle, 1929 (Kleine Schriften zum bürgerlichen Recht, Bd. 79 Nr. 3.)

Reichardt, Wolfgang, Das Gesetz über das Kreditwesen, 1942.

Reichsgerichtsrätekommentar, 10. Aufl., 1953.

Saalfrank, Josef, Das Pfandrecht am Inventar des landwirtschaftlichen Pächters nach dem Reichsgesetz vom 9. 7. 1926; München 1930 (Kleine Schriften zum bürgerlichen Recht, Bd. 87 Nr. 8.)

Schlegelberger, Franz, Gesetz über die Angelegenheiten der freiwilligen Gerichtsbarkeit, 16. Aufl., 1952.

Sichtermann, Siegfried, Das Bankgeheimnis, 2. Aufl. 1954.

Soergel, Bürgerliches Gesetzbuch, 8. Aufl., 1952.

Staudinger, E. von, Kommentar zum Bürgerlichen Gesetzbuch, 10. Aufl. 1936.

Stillschweig, Das Gesetz betr. die Ermöglichung der Kapitalkreditbeschaffung für landwirtschaftliche Pächter, JW 1926, 2605.

Trost-Schütz, Bankgeschäftliches Formularbuch, 13. Ausgabe, 1952.

Wagemann, Gesetz betr. die Ermöglichung der Kapitalkreditbeschaffung für landwirtschaftliche Pächter vom 9. 7. 1926 (Inventarpfandrechtsgesetz), 1926.

Walzer, in Deutsche Landwirtschaftliche Genossenschaftspresse, 1928, 79 ff.

Westermann, Harry, Sachenrecht, 1951.

Abkürzungsverzeichnis

Hinweis: Paragraphen ohne Gesetzesbezeichnung sind solche des Pachtkreditgesetzes (§§ 1—19), sonst des BGB.

a. A.	anderer Ansicht
a. E.	am Ende
Art.	Artikel
AV	Allgemeine Verfügung
BGB	Bürgerliches Gesetzbuch
BGBl.	Bundesgesetzblatt
FGG	Reichsgesetz über die Angelegenheiten der freiwilligen Gerichtsbarkeit
GBO	Grundbuchordnung
HGB	Handelsgesetzbuch
h. M.	herrschende Meinung
HRR	höchstrichterliche Rechtsprechung
i. V. m.	in Verbindung mit
JW	Juristische Wochenschrift
KGJ	Jahrbuch für Entscheidungen des Kammergerichts
KO	Konkursordnung
KostO	Kostenordnung
LG	Landgericht
OLG	Oberlandesgericht oder Entscheidungen der Oberlandesgerichte auf dem Gebiete des Zivilrechts
PKrG	Pachtkreditgesetz
RG	Reichsgericht oder Entscheidungen des Reichsgerichts in Zivilsachen
RGBl.	Reichsgesetzblatt
RGRK	Kommentar der Reichsgerichtsräte
RJM	Reichsjustizminister
StGB	Strafgesetzbuch
unstr.	unstreitig
Warn.	Warneyer, Die Rechtsprechung des Reichsgerichts
WiGBl. . . .	Gesetzblatt der Verwaltung des Vereinigten Wirtschaftsgebietes
ZKW	Zeitschrift für das gesamte Kreditwesen
ZPO	Zivilprozeßordnung
ZVG	Gesetz über die Zwangsversteigerung und Zwangsverwaltung

1. Teil

Historische Einleitung

Nach dem 1. Weltkrieg befand sich die deutsche Wirtschaft in schwerer Notlage. Die Landwirte hatten nicht mehr das Kapital, das erforderlich war, um ihre durch Kriegs- und Nachkriegsverhältnisse vernachlässigten Betriebe wieder leistungsfähig zu machen. Die Kapitalbeschaffung im Wege des Kredites war schwierig, für die selbstwirtschaftenden Eigentümer landwirtschaftlicher Grundstücke aber immerhin durch Hypothekenaufnahme möglich. Der landwirtschaftliche Pächter hatte dagegen mangels geeigneter Kreditunterlagen keine Möglichkeit, sich billigen und langfristigen Kredit zu beschaffen, er war auf den teueren kurzfristigen Wechselkredit angewiesen. Der Gedanke lag deshalb nahe, den (meist) einzigen dem Pächter zur Verfügung stehenden Sachwert, das Inventar, für die Kreditbeschaffung auszunutzen, den Wechselkredit also mit Hilfe des Inventars in einen Realkredit zu überführen. Die durch das BGB eröffnete Möglichkeit einer Verpfändung schied zu diesem Zweck infolge des Faustpfandprinzips aus. Die außerhalb des BGB's entwickelte Sicherungsübereignung erwies sich infolge der ihr innewohnenden Gefahren für Sicherungsgeber und -nehmer (z. B. Übertragung einer über den Sicherungszweck hinausgehenden Rechtsstellung, Doppelübereignung i. V. m. gutgläubigem Eigentumserwerb) als ungeeignet für die Landwirtschaft. Dazu kam erschwerend, daß der Verpächter an dem Inventar kraft Gesetzes ein Verpächterpfandrecht für den gegenwärtigen und zukünftigen Pachtzins erwarb.

Um den zahlreichen Pächtern (nach der Statistik von 1907 — Statistisches Jahrbuch für das Deutsche Reich 1912 S. 34 — wurden mehr als 20 % der landwirtschaftlichen Betriebe über 100 ha von Pächtern bewirtschaftet; im Jahre 1949 waren etwas über 12 % der gesamten landwirtschaftlichen Betriebsfläche in der Bundesrepublik verpachtet, vgl. Statistisches Jahrbuch für die Bundesrepublik Deutschland, 1953, S. 140 f.) der Domänen, Staatsgüter und Privatbetriebe Gelegenheit zu geben, sich den erforderlichen längerfristigen Kredit zu beschaffen, sollte ein Gesetz geschaffen werden, durch das eine Beleihung des Inventars ermöglicht wurde. Die Spitzenorganisationen der Pächter und Verpächter (Reichsbund landwirtschaftlicher Pächter, Domänenpächterverband, Reichsverband landwirtschaftlicher Klein- und Mittelbetriebe, Reichsschutzbund landwirtschaftlicher Verpächter und Grundeigentümer, Reichsgrundbesitzerverband) einigten sich auf etwa folgender Grundlage (nach *Wagemann* S. 12):

1. Erschließung der Möglichkeit einer von Publizitätswirkung begleiteten Übereignung des Pächterinventars zum Zwecke der Kreditsicherung,

2. Regelung der Konkurrenz dieser Sicherungsübereignung mit anderen Rechten am Inventar, insbesondere mit dem Verpächterpfandrecht,
3. Einführung eines Zulassungszwanges für die mit der Ausgabe des Pächterkredites betrauten Institute,
4. Begrenzung der Geltungsdauer der gesetzlichen Regelung auf 10 Jahre.

Ein diesem Grundgedanken entsprechender Gesetzentwurf wurde im Reichstag eingebracht (Drucksache Nr. 2291, 2440) und nach einigen Änderungen am 26. 6. 1926 nahezu einstimmig angenommen. Das Gesetz wurde am 9. 7. 1926 verkündet (RGBl. I S. 399) und trat mit der Verkündung als „Gesetz, betreffend die Ermöglichung der Kapitalkreditbeschaffung für landwirtschaftliche Pächter" (meist kurz „Inventarpfandrechtsgesetz" genannt) in Kraft. Mit diesem Gesetz wurde erstmalig im deutschen Reichsrecht der Gedanke der sog. Mobiliarhypothek anerkannt (*Wagemann* S. 12 f.) und ein Pfandrecht ohne Besitzübertragung geschaffen[1]).

Gläubiger dieses Inventarpfandrechts konnten nur bestimmte zugelassene Kreditinstitute (Pachtkreditinstitute) werden. Die Zulassung erfolgte durch den Pachtkreditausschuß. Dieser bestand aus neun Mitgliedern, von denen drei die Reichsregierung ernannte, die übrigen sechs von den Spitzenorganisationen der Verpächter und Pächter gewählt wurden. Neben der Entscheidung über die Anträge der Banken auf Zulassung als Pachtkreditinstitut, die nach freiem Ermessen erfolgte, hatte der Pachtkreditausschuß die Tätigkeit der Pachtbanken laufend zu überwachen und die erteilte Zulassung wieder aufzuheben, wenn eine für die Zulassung erforderliche Voraussetzung weggefallen war. Die sich um Zulassung bewerbenden Kreditinstitute mußten bestimmte Bedingungen erfüllen. Insbesondere mußten sie in der Lage sein, den beliehenen Pachtbetrieb laufend zu überwachen und eine etwa erforderlich werdende Wirtschaftsberatung unter dem Gesichtspunkt der Erzeugungssteigerung durchzuführen. Durch die Zulassung wurde dem Pachtkreditausschuß ein gewisser Einfluß auf die Kreditpolitik gegeben (*Holdermannn* S. 516). Er hat etwa 70 Banken als Pachtkreditinstitute zugelassen. Unter ihnen nahm die Deutsche Pachtbank e. G. m. b. H. (hervorgegangen aus der Deutschen Pächterkreditbank, vormals Domänenbank) eine hervorragende Stellung ein, „da dieses Institut seiner speziellen Erfahrung wegen die gesamte Entschuldung für landwirtschaftliche Pächter im Reich durchführte und 1939 sich etwa 80—90 % sämtlicher Pächterkredite bei der Deutschen Pachtbank vereinigten" (*Holdermann* S. 516; vgl. auch *Rothe* S. 26).

Die Geltungsdauer des Inventarpfandrechtsgesetzes vom 9. 7. 1926 war gemäß seinem § 23 Abs. 1 auf 10 Jahre begrenzt. Damit sollte zum Ausdruck gebracht werden, daß das Gesetz ein Mittel zur Behebung eines

---

1) Im Ausland ist ein Registerpfandrecht teilweise seit langem bekannt, z. B. in der Schweiz. Dort ist durch Art. 855 des Zivilgesetzbuches eine Verpfändung von Vieh durch Eintragung in ein Verschreibungsprotokoll und Anzeige an das Betreibungsamt zugelassen (vgl. *Grünebaum* S. 2616).

vorübergehenden ungewöhnlichen Notstandes der landwirtschaftlichen Pächter sein sollte. Das Gesetz hat sich jedoch — wie bereits *Grünebaum* in JW 26, 2616 voraussagte — so gut bewährt, daß es mehrfach verlängert und auch in der Schuldenregelungsgesetzgebung (Art. 15 der Pächterentschuldungsverordnung vom 12. 3. 1935 — RGBl. I S. 360) verankert wurde.

Nach dem Zusammenbruch von 1945 waren die Rechtsverhältnisse unklar geworden. Der Pachtkreditausschuß bestand nicht mehr und konnte auf Grund der veränderten staatsrechtlichen Verhältnisse auch nicht neu gebildet werden. Andererseits lagen den verschiedenen Landesregierungen Anträge auf Zulassung von Pachtkreditinstituten vor, vor allem von den Nachfolgeinstituten der früheren Deutschen Pachtbank (vgl. Begründung zum Änderungsgesetz des Inventarpfandrechtsgesetzes, Öffentlicher Anzeiger für das Vereinigte Wirtschaftsgebiet Nr. 78 vom 1. 9. 1949). Der Wirtschaftsrat erließ daher am 18. 8. 1949 das „Gesetz zur Ergänzung des Gesetzes betreffend die Ermöglichung der Kapitalkreditbeschaffung für landwirtschaftliche Pächter" (WiGBl. 1949 S. 264). Dieses Gesetz ließ die materiellrechtlichen Bestimmungen des Inventarpfandrechtsgesetzes von 1926 unverändert und regelte nur die Vorschriften über den Pachtkreditausschuß und das Zulassungsverfahren neu. Die Befugnisse des alten Pachtkreditausschusses wurden auf die für die Bankenaufsicht zuständigen Obersten Landesbehörden übertragen. Der Pachtkreditausschuß, der vor der Entscheidung der Bankaufsichtsbehörden gutachtlich gehört werden muß, wurde neu gebildet. Er bestand wiederum aus neun Mitgliedern, von denen drei vom Verwaltungsrat, zwei vom Länderrat des Vereinigten Wirtschaftsgebietes und vier auf Vorschlag der Bauernverbände vom Direktor der Verwaltung für Ernährung, Landwirtschaft und Forsten berufen wurden. Die Geltungsdauer des Gesetzes wurde bis zum 31. 12. 1950 befristet.

Der auf Grund des Ergänzungsgesetzes vom 18. 8. 1949 berufene Pachtkreditausschuß hat während seiner Amtsdauer 10 Kreditinstitute als Pachtkreditinstitute zugelassen.

Die Überarbeitung des alten Inventarpfandrechtsgesetzes dauerte bis zum Jahre 1951. Am 5. 8. 1951 wurde das „Gesetz zur Änderung des Gesetzes betreffend die Ermöglichung der Kapitalkreditbeschaffung für landwirtschaftliche Pächter" verkündet (BGBl. 1951 I S. 492). Es trat gemäß seinem Art. IV rückwirkend ab 1. 1. 1951 in Kraft, weil das Ergänzungsgesetz des Wirtschaftsrates vom 18. 8. 1949 am 31. 12. 1950 abgelaufen war. Das geänderte Inventarpfandrechtsgesetz erhielt den Namen „Pachtkreditgesetz" und wurde am 5. 8. 1951 (BGBl. I S. 494) neu bekannt gemacht. Das Pachtkreditgesetz hat den sachenrechtlichen Teil des Inventarpfandrechtsgesetzes (§§ 1—16) mit geringfügigen Abweichungen übernommen. Die Bestimmungen über die Zulassung der Pachtkreditinstitute und über den Pachtkreditausschuß wurden geändert (§§ 17—19). Eine zeitliche Begrenzung seiner Geltungsdauer enthält das Pachtkreditgesetz nicht mehr. Es kann jetzt als fester Bestandteil unserer Rechtsordnung angesehen werden.

2. Teil

Pachtkreditgesetz

Vom 5. August 1951 (BGBl. 1951 Teil I S. 494)

§ 1

Der Pächter eines landwirtschaftlichen Grundstücks kann an dem ihm gehörenden Inventar einem zugelassenen Kreditinstitut (Pachtkreditinstitut) zur Sicherung eines ihm gewährten Darlehens ein Pfandrecht (§ 1204 Abs. 1 des Bürgerlichen Gesetzbuchs) ohne Besitzübertragung nach Maßgabe dieses Gesetzes bestellen.

§ 2

(1) Zur Bestellung des Pfandrechts ist die Einigung des Pächters und des Gläubigers darüber, daß dem Gläubiger das Pfandrecht zustehen soll, und die Niederlegung des Verpfändungsvertrages bei dem Amtsgericht, in dessen Bezirk der Sitz des Betriebes liegt, erforderlich. Der Verpfändungsvertrag bedarf der Schriftform. Er muß außer der Einigung über die Bestellung des Pfandrechts den Geldbetrag der Forderung und, wenn die Forderung verzinslich ist, den Zinssatz, wenn andere Nebenleistungen zu entrichten sind, ihren Geldbetrag und die über die Fälligkeit der Forderung getroffenen Abreden ergeben.

(2) Das Pachtkreditinstitut soll von der beabsichtigten Bestellung des Pfandrechts den Verpächter benachrichtigen.

§ 3

(1) Das Pfandrecht erstreckt sich auf das gesamte, dem Pächter zur Zeit der Niederlegung des Verpfändungsvertrages gehörende Inventar. Sollen einzelne Inventarstücke von der Verpfändung ausgenommen werden, so müssen sie im Verpfändungsvertrag einzeln und unter Angabe ihrer kennzeichnenden Merkmale bezeichnet werden.

(2) Das Pfandrecht erstreckt sich weiter auf Inventarstücke, die der Pächter nach der Entstehung des Pfandrechts erwirbt, sobald er sie in das Inventar einverleibt. Dies gilt nicht, wenn die Erstreckung des Pfandrechts durch eine schriftliche Vereinbarung des Pächters und des Pfandgläubigers ausgeschlossen und die Ver-

einbarung bei dem im § 2 Abs. 1 bezeichneten Gericht niedergelegt worden ist. In der Vereinbarung muß das Inventarstück unter Angabe seiner kennzeichnenden Merkmale bezeichnet werden.

§ 4

(1) Gehört ein Inventarstück nicht dem Pächter, so erwirbt der Gläubiger gleichwohl ein Pfandrecht, es sei denn, daß ihm im Zeitpunkt der Niederlegung des Verpfändungsvertrages bekannt ist oder infolge grober Fahrlässigkeit unbekannt ist, daß das Inventarstück dem Pächter nicht gehört.

(2) Ist ein Inventarstück mit dem Recht eines Dritten belastet, so findet die Vorschrift des Absatzes 1 mit der Maßgabe Anwendung, daß das Pfandrecht dem Rechte des Dritten vorgeht. Das Verhältnis des Pfandrechts des Pachtkreditinstituts zu dem gesetzlichen Pfandrecht des Verpächters bestimmt sich ausschließlich nach § 11.

(3) Die Vorschrift des § 935 des Bürgerlichen Gesetzbuchs bleibt unberührt.

§ 5

(1) Erwirbt ein Dritter von dem Pächter ein mit dem Pfandrecht belastetes Inventarstück oder ein Recht an einem solchen Inventarstück, so kann er sich, solange der Verpfändungsvertrag bei dem Amtsgericht niedergelegt ist, dem Pachtkreditinstitut gegenüber nicht darauf berufen, daß er in Ansehung des Pfandrechts in gutem Glauben war.

(2) Verfügt der Pächter über einzelne Inventarstücke, so wird das Inventarstück von der Haftung frei, wenn die Verfügung innerhalb der Grenzen einer ordnungmäßigen Wirtschaft geschieht und das Inventarstück von dem Grundstück entfernt wird, bevor der Pfandgläubiger sein Pfandrecht gerichtlich geltend gemacht hat.

§ 6

Das Inventar haftet auch für die dem Gläubiger zu ersetzenden Kosten der Kündigung und der Rechtsverfolgung sowie für die Kosten der Verwertung des Pfandes.

§ 7

Rechte an dem Inventar, die durch eine Belastung des verpachteten Grundstücks oder im Wege der Zwangsvollstreckung erworben sind, bleiben auch dann unberührt, wenn der Gläubiger hinsichtlich solcher Rechte in gutem Glauben ist.

§ 8

Wird das Recht des Pfandgläubigers beeinträchtigt, so finden auf seine Ansprüche die für die Ansprüche aus dem Eigentum geltenden Vorschriften entsprechende Anwendung.

§ 9

Beabsichtigt der Verpächter oder das Pachtkreditinstitut, das Inventar zu verwerten, so sollen sie sich unter dem Gesichtspunkt der Aufrechterhaltung des Betriebes über die Art des Vorgehens verständigen.

§ 10

(1) Die Befriedigung des Pfandgläubigers aus dem Inventar erfolgt durch Verkauf. Die Vorschriften des § 1228 Abs. 2 Satz 1 und der §§ 1229, 1230 des Bürgerlichen Gesetzbuchs finden entsprechende Anwendung.

(2) Der Verkauf kann nach den Vorschriften über den Pfandverkauf (§§ 1234 bis 1240 des Bürgerlichen Gesetzbuchs) oder, wenn der Pfandgläubiger für sein Recht zum Verkauf einen vollstreckbaren Titel erlangt hat, nach den für den Verkauf einer gepfändeten Sache geltenden Vorschriften erfolgen. Die Vorschriften der §§ 1241 bis 1249 des Bürgerlichen Gesetzbuchs finden entsprechende Anwendung.

(3) Soll der Verkauf im Wege des Pfandverkaufs geschehen, so kann der Pfandgläubiger nach dem Eintritt der Verkaufsberechtigung von dem Pächter die Herausgabe der zu verkaufenden Inventarstücke verlangen.

§ 11

(1) Der Verpächter kann der Verwertung des Inventars nach Maßgabe des § 10 nicht widersprechen. Zu einer Verwertung, die nicht im Wege öffentlicher Versteigerung geschieht, bedarf das Pachtkreditinstitut der Einwilligung des Verpächters. Das Pachtkreditinstitut hat dem Verpächter auf sein Verlangen die Hälfte des Erlöses zur Befriedigung oder zur Sicherstellung für die ihm gegen den Pächter zustehenden Forderungen zu überlassen, die durch das gesetzliche Pfandrecht gesichert sind. Übersteigt der hiernach dem Verpächter zu überlassende Betrag die Höhe seiner Ansprüche, so kann der Pächter oder ein Gläubiger des Pächters den Überschuß nur in Anspruch nehmen, wenn das Pachtkreditinstitut keinen Anspruch darauf erhebt.

(2) Die Vorschriften des Absatzes 1 finden entsprechende Anwendung, wenn der Verpächter sein gesetzliches Pfandrecht geltend macht.

§ 12

Die Vorschriften des § 11 Abs. 1 Satz 2, 4 Abs. 2 finden auch Anwendung, wenn ein Dritter die Zwangsvollstreckung in Inventarstücke betreibt und das Pachtkreditinstitut und der Verpächter gemäß § 805 der Zivilprozeßordnung ihren Anspruch auf vorzugsweise Befriedigung aus dem Erlös geltend machen.

§ 13

(1) Die nach Maßgabe dieses Gesetzes gesicherte Forderung kann nur an ein Pachtkreditinstitut abgetreten werden, das nach Maßgabe dieses Gesetzes zugelassen ist; die Abtretung soll dem in § 2 Abs. 1 bezeichneten Gericht angezeigt werden. Mit der Übertragung der Forderung geht das Pfandrecht auf den neuen Gläubiger über. Das Pfandrecht kann nicht ohne die Forderung übertragen werden.

(2) Wird bei der Übertragung der Forderung der Übergang des Pfandrechts ausgeschlossen, so erlischt das Pfandrecht.

§ 14

(1) Das Pfandrecht erlischt mit der Forderung, für die es bestellt ist.

(2) Zur Aufhebung des Pfandrechts durch Rechtsgeschäft genügt die Erklärung des Pfandgläubigers gegenüber dem Pächter, daß er das Pfandrecht aufgebe.

(3) Erlischt das Pfandrecht, so ist der Gläubiger auf Verlangen des Pächters verpflichtet, eine öffentlich beglaubigte Erklärung darüber auszustellen, daß das Pfandrecht erloschen ist. Die Kosten der Erklärung hat der Pächter zu tragen und auf Verlangen vorzuschießen.

§ 15

(1) Der Verpfändungsvertrag kann sowohl von dem Pächter wie von dem Pachtkreditinstitut niedergelegt werden.

(2) Das Amtsgericht hat den Zeitpunkt der Niederlegung des Verpfändungsvertrages nach Tag und Stunde auf dem Verpfändungsvertrag oder einem damit zu verbindenden Blatt an deutlich sichtbarer Stelle zu vermerken. Über den Zeitpunkt der Niederlegung ist dem, der den Vertrag niedergelegt hat, eine Bescheinigung zu erteilen.

(3) Das Pachtkreditinstitut hat alsbald nach der Niederlegung dem Verpächter eine Abschrift des Verpfändungsvertrages unter Angabe des Zeitpunktes der Niederlegung mitzuteilen.

(4) Nach dem Erlöschen des Pfandrechts ist der Verpfändungsvertrag dem Pächter auf Antrag herauszugeben; zum Nachweis des Erlöschens genügt die im § 14 Abs. 3 bezeichnete Erklärung.

§ 16

(1) Die Einsicht der beim Amtsgericht niedergelegten Verpfändungsverträge ist jedem gestattet, der ein berechtigtes Interesse darlegt. Soweit die Einsicht gestattet ist, kann die Erteilung von Abschriften verlangt werden. Die Abschriften sind auf Verlangen zu beglaubigen.

(2) Dem Pächter eines landwirtschaftlichen Grundstücks ist auf Antrag von dem Amtsgericht, in dessen Bezirk der Sitz seines Betriebes liegt, zu bescheinigen, daß bei dem Amtsgericht kein Verpfändungsvertrag niedergelegt worden ist.

§ 17

(1) Der Antrag auf Zulassung als Pachtkreditinstitut ist beim Pachtkreditausschuß (§ 18) zu stellen. Dieser leitet den Antrag mit seiner Stellungnahme an die für die Bankenaufsicht zuständige Oberste Landesbehörde, die im Einvernehmen mit der Obersten Landwirtschaftsbehörde darüber entscheidet.

(2) Dem Antrag auf Zulassung ist ein Muster des zur Verwendung kommenden Verpfändunsvertrages beizufügen. Das sich bewerbende Kreditinstitut muß dem Pachtkreditausschuß unter Wahrung des Bankgeheimnisses die Auskünfte erteilen, die dieser für notwendig hält.

(3) Das Kreditinstitut muß nachweisen, daß seine Einrichtungen für die laufende Überwachung der beliehenen Betriebe unter dem Gesichtspunkt einer auf Steigerung der landwirtschaftlichen Erzeugung gerichteten Wirtschaftsführung sowie für die etwa erforderlich werdende Wirtschaftsberatung Gewähr bieten. Zur laufenden Überwachung gehört besonders die Aufstellung und Prüfung jährlicher Voranschläge über die zu erwartenden Ertragsverhältnisse unter Berücksichtigung der Wirtschaftserträge der Vorjahre.

(4) Das Kreditinstitut muß die Möglichkeit bieten, zur Aufrechterhaltung des beliehenen Betriebes auch dem Verpächter Kredit einzuräumen.

§ 18

(1) Der Pachtkreditausschuß besteht aus neun Mitgliedern, von denen drei Mitglieder auf Vorschlag des Zentralausschusses der deutschen Landwirtschaft durch die Bundesregierung berufen werden; sie dürfen weder Verpächter noch Pächter sein und sollen mit den Fragen des Pachtrechts und des Pachtkreditwesens besonders vertraut sein. Die übrigen sechs Mitglieder werden auf Vorschlag der berufsständischen Organisationen vom Bundesminister für Ernährung, Landwirtschaft und Forsten berufen; davon müssen

drei Verpächter und drei Pächter sein. Für jedes Mitglied ist gleichzeitig ein Vertreter zu bestimmen. Die Mitglieder und deren Vertreter werden auf fünf Jahre berufen, sie können aus wichtigem Grunde vorher abberufen werden.

(2) Die Kosten des Pachtkreditausschusses tragen die Pachtkreditinstitute.

(3) Der Pachtkreditausschuß gibt sich eine Geschäftsordnung, in der auch die Kostenfestsetzung zu regeln ist. Die Geschäftsordnung bedarf der Zustimmung des Bundesministers für Ernährung, Landwirtschaft und Forsten.

§ 19

(1) Der Pachtkreditausschuß hat darüber zu wachen, daß das Pachtkreditinstitut die Voraussetzungen seiner Zulassung dauernd erfüllt. Das Pachtkreditinstitut muß ihm den hierzu erforderlichen Einblick in seine Geschäftsführung ermöglichen.

(2) Bestehen nach Auffassung des Pachtkreditausschusses die Voraussetzungen für die Zulassung nicht mehr, so hat er bei der zulassenden Stelle die Aufhebung der Zulassung zu beantragen. Will die zulassende Stelle von sich aus die Zulassung aufheben, so hat sie die Stellungnahme des Pachtkreditausschusses einzuholen. Für die Aufhebung gilt § 17 Abs. 1 Satz 2 entsprechend.

3. Teil

Erläuterungen zum Pachtkreditgesetz

Vorbemerkung vor § 1

1. Geltungsbereich des Gesetzes:

Das Pachtkreditgesetz vom 5. 8. 1951 (BGBl. S. 494) gilt im Bereich der Bundesrepublik Deutschland einschließlich Westberlin (in Westberlin ist das Pachtkreditgesetz mit Wirkung vom 12. 2. 1954 in Kraft getreten — vgl. Gesetz- und Verordnungsblatt für Berlin 1954 S. 43 —).

2. Geschäftliche und kostenmäßige Behandlung der Pachtkreditsachen bei den Gerichten:

Zum alten Pächterkreditgesetz vom 9. 7. 1926 waren zahlreiche landesgesetzliche Vorschriften, die sich mit der geschäftlichen Behandlung der Pachtkreditsachen und mit der Kostenregelung befaßten, ergangen (für Preußen die Kostenverordnung vom 18. 7. 1926 — GS S. 239 — und die Allg. Verfügung des preuß. Justizministers vom 14. 7. 1926 — Just.Min.Bl. S. 255; für Bayern die Bekanntmachung vom 7. 8. 1926 — Just.Min.Bl. n. F. II S. 796 — i. V. m. § 1 Nr. VIII der Bekanntmachung vom 21. 12. 1929 — Just.Min.Bl. m. F. III S. 341; für Baden die Verordnung vom 2. 10. 1926 — Bad. Gesetz- und Verordnungsblatt S. 261 — mit Änderungen durch die Verordnung vom 10. 5. 1928 — Bad. Gesetz- und Verordnungsblatt S. 175 —; für Bremen die Verordnung vom 15. 8. 1926 — Bremer Gesetzblatt S. 195 —; für Hessen die Verordnung vom 11. 9. 1926 — Hess. Regierungsblatt S. 314 —; für Württemberg die Verordnung vom 7. 9. 1926 — Regierungsblatt für Württemberg S. 221 —; für Hamburg die Verordnung vom 22. 9. 1926 — Hamburgisches Gesetz- und Verordnungsblatt S. 61 —). Diese landesrechtlichen Vorschriften sind durch die AV des RJM vom 6. 11. 1939 (DJ S. 1719 — abgedruckt im Anhang 2 —) aufgehoben und ersetzt worden (vgl. Ziff. 9 der AV).

§ 1

Pfandrecht

Der Pächter eines landwirtschaftlichen Grundstücks kann an dem ihm gehörenden Inventar einem zugelassenen Kreditinstitut (Pachtkreditinstitut) zur Sicherung eines ihm gewährten Darlehens ein Pfandrecht (§ 1204 Abs. 1 des Bürgerlichen Gesetzbuchs) ohne Besitzübertragung nach Maßgabe dieses Gesetzes bestellen.

1. Allgemeines:

Das Pachtkreditgesetz ist nur anwendbar, wenn der Pächter ein Pfandrecht an dem ihm gehörenden Inventar (über den Begriff des Inventars vgl. Anm. 5) zur Sicherung eines ihm gewährten Darlehns bestellen will. Nach den Vorschriften über das Pfandrecht des BGB (§§ 1204 ff.) ist es nicht erforderlich, daß der persönlich haftende Schuldner der gesicherten Forderung und der dinglich Verpflichtete personengleich sind, wohl aber bei der Bestellung des Pfandrechtes nach dem Pachtkreditgesetz (vgl. auch unten Anm. 6e). Soll ein Pfandrecht an dem Anteil eines Miteigentümers (§ 1258) bestellt werden oder soll das Pfandrecht durch einen anderen als den persönlichen Schuldner (§§ 1223 Abs. 2, 1225) bestellt werden, so ist das nur nach den allgemeinen Vorschriften des BGB, nicht jedoch nach dem Pachtkreditgesetz möglich. Das gleiche gilt, wenn eine andere Forderung als eine Darlehnsforderung gesichert werden soll (*Wagemann* S. 21, *Michaelsen* S. 12; vgl. unten Anm. 3).

Gemäß Art. 31 der Pächterentschuldungsverordnung vom 12. 3. 1935 (RGBl. I 360) war eine Beleihung des Pächterinventars nach dem Pachtkreditgesetz (in der damaligen Fassung vom 9. 7. 1926) nur bis zur Höhe von 30 % des bei der Beleihung festzustellenden Inventars zulässig. Diese Bestimmung ist durch Art. 1 Abs. 1 des Gesetzes zur Abwicklung der landwirtschaftlichen Entschuldung vom 25. 3. 1952 (BGBl. I S. 203) aufgehoben worden.

2. Pächter:

Als Schuldner der nach dem Pachtkreditgesetz gesicherten Forderungen kommen nur Pächter in Betracht. Eine ausdehnende Anwendung des Gesetzes auf Personen in ähnlichen Rechtsverhältnissen, etwa auf Nießbraucher, ist nicht möglich (*Michaelsen* S. 11); auch nicht, wenn Eigentümer und Nießbraucher irrtümlich annehmen, daß das zwischen ihnen bestehende Rechtsverhältnis eine Pacht sei (*Saalfrank* S. 13). Der Pächter kann gleichzeitig Eigentümer anderer landwirtschaftlicher Grundstücke sein. Es wird aber zu fordern sein, daß der dem Pächter nach dem Pachtkreditgesetz eingeräumte Kredit nur seinem Pachtgrundstück zugute kommt (vgl. unten Anm. 7). Wenn er außerdem Kredite benötigt, steht ihm sein Grundeigentum als Beleihungsgrundlage zur Verfügung. Ist der Pächter gem. § 3 HGB hinsichtlich des Pachtbetriebes teilweise Kaufmann, so finden die §§ 366—372 HGB keine Anwendung, da das Pachtkreditgesetz lex specialis zu diesen Vorschriften ist (zweifelnd *Pick* S. 46).

3. Zugelassenes Kreditinstitut (Pachtkreditinstitut):

a) Über den Begriff des „Kreditinstitutes" und über das Zulassungsverfahren vgl. § 17.

b) Rechtswirksam ist nur die Pfandbestellung gegenüber einem zugelassenen Kreditinstitut = Pachtkreditinstitut. Zugunsten anderer Gläubiger kann ein Pfandrecht nur nach den allgemeinen Vorschriften des BGB bestellt werden. Die Zulassung muß im Zeitpunkt der Niederlegung des Pfandvertrages beim Amtsgericht vorhanden sein. Da gem. § 13 die Forderung, für die das Inventarpfandrecht bestellt wird, nur an ein anderes Pachtkreditinstitut abgetreten werden kann, ist die Möglichkeit eines Gläubigerwechsels beschränkt. Wird nach der Niederlegung des Pfandvertrages die Zulassung des Kreditinstitutes aufgehoben, so berührt das den Bestand des Pfandrechts nicht (vgl. auch § 17 Anm. 2).

c) Die Streitfrage, ob mehrere Pachtkreditinstitute nacheinander Pfandgläubiger werden können, ist durch das Urteil des Reichsgerichts vom 24. 11. 1933 (RG 143, 7 = JW 34, 405 mit zustimmender Anm. von *Böttger*) dahin entschieden worden, daß das Pfandrecht nur einem Pachtkreditinstitut bestellt werden kann (ebenso *Wagemann* S. 23, *Kiesow* S. 20; *Westermann* S. 619; a. A. *Michaelsen* S. 9, *Stillschweig* JW 26, 2606; *Pick* S. 49). Mit Recht führt das RG aus, daß „der Verbleib des Inventars auf dem Pachtgrundstück bei der Verwertung des Pfandes, sowie eine sachgemäße Wirtschaftsüberwachung und Wirtschaftsberatung sich nicht erreichen lassen, wenn bei der Verwertung, der Überwachung und der Beratung verschiedene Pfandgläubiger mit einander widerstreitenden Interessen mitzureden haben". Vgl. auch § 11. Wenn ein Pächter weiteren Kredit haben will, muß er sich daher an das gleiche Kreditinstitut wenden, dem er sein Inventar verpfändet hat. Die dagegen geäußerten Bedenken, der Pächter sei dadurch dem Pachtkreditinstitut auf Gnade und Ungnade preisgegeben bzw. dann benachteiligt, wenn das Pachtkreditinstitut keine weiteren Mittel zur Kreditgewährung mehr besitzt, sind nicht durchgreifend. Mit Recht hält *Kiesow* S. 20 diesen Bedenken entgegen, daß der Pachtkreditausschuß für die nötige Überwachung sorgen werde und daß der Pächter auch die Möglichkeit habe, den bisherigen Kredit zurückzuzahlen (erforderlichenfalls mit Hilfe des neuen Pachtkreditinstitutes, an das er sich zu wenden gedenkt) und einen größeren Kredit bei einem anderen Institut aufzunehmen.

4. Landwirtschaftliches Grundstück:

Darunter ist die den Gegenstand ds Pachtvertrages bildende Betriebseinheit zu verstehen, d. h. jedes zum selbständigen Betrieb der Landwirtschaft geeignete und eingerichtete Grundstück. Der Begriff des landwirtschaftlichen Grundstücks ist hier kein anderer als in §§ 582 ff. (vgl. auch §§ 98 Zf. 2, 998, 1055, 1421, 2130; ebenso *Pick* S. 47). Er deckt sich im wesentlichen mit dem Begriff des „Grundstücks zur landwirtschaftlichen Nutzung" in § 1 des Landpachtgesetzes vom 25. 6. 1952 (BGBl. I S. 343). Nach § 1 Landpachtgesetz ist landwirtschaftliche Nutzung die mit der Bodenbewirtschaftung verbundene Bodennutzung zum Zwecke der Gewinnung pflanzlicher Erzeugnisse und zum Zwecke der Tierhaltung. Darunter fallen insbesondere der Ackerbau, die Wiesen- und Weidewirtschaft, der Erwerbsgartenbau, der Erwerbsobstbau und der Weinbau. Diese Aufzählung war im Regierungsentwurf zum Landpachtgesetz enthalten, wurde aber als überflüssig gestrichen (vgl. *Fischer-Wöhrmann* S. 12, dort auch Näheres über die einzelnen Arten der landwirtschaftlichen Nutzung). Nach *Wagemann* S. 22 sollen gärtnerisch genutzte Grundstücke nicht unter das Pachtkreditgesetz fallen (ebenso wohl *Saalfrank* S. 13 und *Stillschweig* JW 26, 2605). Diese Ansicht erscheint jedoch zu eng, da sich das Pachtkreditgesetz als Zweck gesetzt hat, allgemein den Personen zu helfen, denen die Aufnahme von Krediten durch Belastung von Grund und Boden nicht möglich ist (wie hier: *Michaelsen* S. 11; *Rothe* S. 32). Rein forstwirtschaftliche Betriebe fallen nicht unter das Pachtkreditgesetz (*Rothe* S. 32; *Pick* S. 47), jedoch dürften forstwirtschaftliche Grundstücke insoweit erfaßt werden, als sich ein Pachtvertrag über ein landwirtschaftliches Grundstück zugleich auch auf forstwirtschaftlich genutzte Grundstücke erstreckt.

Das „landwirtschaftliche Grundstück" umfaßt auch etwaige zum Pachtbetrieb gehörende landwirtschaftliche Nebenbetriebe (vgl. § 3 Abs. 2 HGB), wie Brennerei, Ziegelei, Molkerei, Meierei, Geflügelbrutanstalt, Kartoffelmehlfabrik usw. (unstr.).

Wenn die Beteiligten das Grundstück, das der Pächter gepachtet hat, als landwirtschaftliches ansehen, während es, objektiv betrachtet, nicht darunter fällt, dürfte bei Vorliegen der sonstigen Voraussetzungen ein Inventarpfandrecht entstehen (*Saalfrank* S. 13).

5. Inventar:

a) Der Begriff des Inventars ist — ebensowenig wie im BGB — im Pachtkreditgesetz nicht bestimmt. Man wird darunter die Gesamtheit der beweglichen Sachen, die zur Betriebsführung eines landwirtschaftlichen Grundstückes bestimmt sind (RG 142, 202), zu verstehen haben. Der Inventarbegriff ist derselbe wie in den §§ 586 ff. (RG 142, 202) und deckt sich mit dem des Zubehörs der §§ 97, 98 (unstr.). Gegenstand des Pfandrechts sind nicht die einzelnen zum Inventar gehörenden Sachen, sondern das Inventar als Sachgesamtheit (Sachbegriff, vgl. §§ 92 Abs. 2, 260 und 1035). Eine Sachgesamtheit liegt vor, wenn eine Mehrheit von selbständigen Sachen, die zueinander nicht im Verhältnis von Hauptsache und Zubehör stehen, wegen eines gemeinschaftlichen wirtschaftlichen Zweckes im Verkehr als wirtschaftliche Einheit behandelt wird (RGRK § 90 Anm. 1). Das Pachtkreditgesetz hat hier den sonst für das Pfandrecht gültigen Grundsatz, daß von einer Reihe verpfändeter Gegenstände jeder einzelne genau bestimmt sein muß, verlassen, und ein Pfandrecht an einer Sachgesamtheit anerkannt (vgl. RG 143, 7, 10; *Merkel* JW 34, 403; a. A. *Rothe* S. 37f.).

Zum Inventar gehört das tote (Geräte, Maschinen, Saatgut, Dünger usw.) wie das lebende Inventar (Arbeits- und Zuchttiere). Je nach Größe, Lage, Verkehrsmöglichkeiten usw. wird die Entscheidung darüber, ob ein Gegenstand zum Inventar gehört oder nicht, verschieden ausfallen können. Z. B. wird bei größeren, nicht unmittelbar an Verkehrswegen gelegenen Pachtbetrieben das Personenauto des Pächters zum Inventar gerechnet werden können (*Michaelsen* S. 20; *Lippmann* JW 26, 2610). Nicht zum Inventar gehören die zum persönlichen Gebrauch des Pächters und seiner Familie bestimmten Gegenstände (z. B. Wohnungseinrichtung, Hausrat, Bekleidung usw.). Die landwirtschaftlichen Erzeugnisse gehören nicht zum Inventar, soweit sie nicht zur Fortführung des Betriebes bis zu der Zeit erforderlich sind, zu der gleiche oder ähnliche Erzeugnisse voraussichtlich gewonnen werden (RG 142, 202; RG in HRR 1931 Nr. 597; unstr.; auch § 98 Ziff. 2). Soweit hiernach die Erzeugnisse Inventar werden, entsteht das Inventarpfandrecht nicht erst mit der „Einverleibung" (vgl. § 3 Anm. 2), sondern schon mit der Trennung gem. § 1212 (*Pick* S. 52). Jungvieh gehört zum Inventar (*Wagemann* S. 23; *Michaelsen* S. 21), soweit es als Ersatz für den gewöhnlichen Abgang des Viehs anzusehen ist (vgl. § 586 Abs. 2), ebenso der für die Fortführung der Wirtschaft erforderliche natürliche und künstliche Dünger (§ 98 Ziff. 2; *Rothe* S. 36).

Aus der Gleichsetzung des Inventarbegriffs mit dem Zubehörbegriff (vgl. auch *Merkel* JW 34, 405) ergibt sich, daß das Inventar in einem seiner Zweckbestimmung entsprechenden räumlichen Verhältnis zum gepachteten Grundstück stehen muß. Vorübergehend (etwa zu Reparaturzwecken) vom Grundstück entfernte oder verliehene Inventarstücke bleiben verpfändet oder werden von der Verpfändung ergriffen. Dagegen wird die Inventareigenschaft aufgehoben, wenn das Inventarstück endgültig vom Hofe entfernt wird, z. B. eine Mähmaschine, die der Pächter vom Pachthof entfernt hat, um sie künftig auf einem anderen, ihm gehörenden Landgut zu benutzen. Um Zweifel, die in diesem Zusammenhang leicht entstehen können, auszuschließen, ist es empfehlenswert, schon im Verpfändungsvertrage die Zugehörigkeit oder Nichtzugehörigkeit größerer und wichtiger Stücke zum Inventar zu klären (*Wagemann* S. 23), vgl. auch § 3 Abs. 1. Auch das Inventar der zum Pachtgrundstück gehörenden Nebenbetriebe (vgl. oben Anm. 4) als Inventar des Pachtgrundstücks.

b) Nur das im Eigentum des Pächters stehende Inventar wird mit dem Pfandrecht belastet (über Ausnahmen von diesem Grundsatz durch gutgläubigen Erwerb vgl. § 4). Dabei ist es gleich, ob es ihm schon z. Zt. der Begründung des Pfandrechts gehört oder ob er die Gegenstände später dem Inventar einverleibt (vgl. § 3). Miteigentum reicht nicht aus, es sei denn, daß alle Miteigentümer oder Eigentümer zur gesamten Hand gleichzeitig Pächter sind (*Pick* S. 47). Ist der Pächter zugleich Eigentümer eines anderen landwirtschaftlichen Grundstücks, so kann er nur das zum Pachtgrundstück gehörende Inventar mit dem Pfandrecht auf Grund des Pachtkreditgesetzes belasten (vgl. oben Anm. 1 und *Wagemann* S. 23). Dem Eigentümer steht nach allgemeinen Grundsätzen gleich, wer über eine fremde Sache verfügen darf, z. B. der Testamentsvollstrecker, der Konkursverwalter.

c) Eine selbständige Verpfändung nach dem Pachtkreditgesetz von Teilen des Inventars, auch wenn sie in sich eine wirtschaftliche Einheit bilden (z. B. eine Verpfändung des gesamten Viehs) ist nicht zulässig (RG 143, 7, 10; *Michaelsen* S. 22; a. A. *Stillschweig* JW 26, 2606; *Rothe* S. 39; *Pick* S. 48). Das Pachtkreditgesetz spricht in § 3 ausdrücklich von der Verpfändung des „gesamten" Inventars und läßt Ausnahmen nur im Rahmen der §§ 3 und 4 Abs. 3 zu. Das entspricht dem Bedürfnis nach klaren Rechtsverhältnissen.

6. Sicherung eines dem Pächter gewährten Darlehns:

Schon nach allgemeinen Grundsätzen setzt ein Pfandrecht den Bestand einer durch das Pfandrecht gesicherten Forderung voraus. Das Pachtkreditgesetz gibt hier einschränkende Bestimmungen.

a) Die zu sichernde Forderung muß eine Darlehnsforderung sein. Forderungen aus anderen Schuldverhältnissen (z. B. aus Kauf) können nicht durch das Inventarpfandrecht gesichert werden. Eine ausdehnende Auslegung auf andere Forderungen ist unzulässig (unstr.). Nach § 607 kann ein Darlehen durch Hingabe von Geld oder anderen vertretbaren Sachen gewährt werden. Da das Darlehn nach § 2 Abs. 1 S. 3 auf einen Geldbetrag lauten muß, kommen Sachdarlehen (z. B. Roggen oder Kartoffeln) hier nicht in Betracht (unstr.). Als Darlehn im Sinne des § 1 werden auch Kontokorrentkredite anzusehen sein, bei denen die Darlehnsforderung der Höhe nach wechselt (Betriebsmittelkredite; vgl. *Ibbeken* S. 85 f.).

b) Nach § 607 Abs. 2 ist die Umwandlung jeder beliebigen Forderung in einer Darlehnsforderung durch Parteivereinbarung möglich (Schuldumschaffung, Novation, vgl. *Palandt* § 607 Anm. 2, § 305 Anm. 4). Diese Vorschrift gilt auch im Rahmen des Pachtkreditgesetzes, da es keine gegenteilige Bestimmung enthält. Etwas anderes aus dem Wortlaut des Gesetzes herauslesen zu wollen („zur Sicherung eines ihm gewährten Dahrlehns"), wie es *Wagemann* S. 24 tut, erscheint formalistisch wie *Michaelsen* S. 13 mit Recht betont. Der Fall des § 607 Abs. 2 wird in der Praxis nicht gerade häufig vorkommen, weil die Vertragspartner des Pächters immer Banken sind und andere als Darlehnsforderungen nur selten haben werden. Wenn aber einmal einem Pachtkreditinstitut eine Forderung aus einem anderen Schuldverhältnis zusteht (z. B. durch Abtretung erworben), so muß die Möglichkeit der Umwandlung in eine Darlehnsforderung und damit die Sicherungsmöglichkeit nach dem Pachtkreditgesetz bejaht werden (*Michaelsen* S. 13; *Rothe* S. 29).

c) Der Zeitpunkt der Auszahlung des Darlehns ist ohne Bedeutung. Die Ansicht von *Kiesow* (S. 19), daß die Pfandbestellung erst nach Auszahlung der Darlehnsvaluta wirksam vorgenommen werden könne, ist abzulehnen (ebenso *Wagemann* S. 24; *Michaelsen* S. 14; *Rothe* S. 30; *Pick* S. 48; *Ibbeken* S. 86), da das dem Zweck des Pachtkreditgesetzes (Erleichterung der Kreditbeschaffung für Pächter) widersprechen würde. Es ist allgemein bekannt, daß die Kreditinstitute regelmäßig die Darlehnsvaluta erst dann auszahlen, wenn ihnen eine dingliche Sicherung nachgewiesen ist. Häufig geschieht auch die Auszahlung in Raten, je nach den Bedürfnissen des Pächters (vgl. *Stillschweig* JW 26, 2606).

Schließlich findet auf das Inventarpfandrecht auch § 1204 Abs. 2 Anwendung, wonach ein Pfandrecht auch für eine künftige oder bedingte Forderung bestellt werden kann (Vgl. unten Anm. 8; *Wagemann* S. 25; *Michaelsen* S. 14; *Saalfrank* S. 12; vgl. auch §§ 1113 Abs. 2, 1139).

d) Die Form der Auszahlung des Darlehns ist ebenfalls belanglos. Es ist nicht nötig, daß der Pächter die Darlehnssumme selbst in die Hand bekommt, vielmehr genügt es, wenn das Pachtkreditinstitut im Einvernehmen mit dem Pächter unmittelbar an die sonstigen Gläubiger zur Begleichung der Schulden des Pächters zahlt (*Michaelsen* S. 14).

e) Die zu sichernde Forderung muß sich gegen den Pächter selbst richten. Da der Zweck des Pachtkreditgesetzes auch die Entschuldung des Pächters ist, ist die Bestellung eines Inventarpfandrechts zugunsten einer fremden Schuld unzulässig und wäre, wenn sie vorkäme, rechtsunwirksam, d. h. ein Pfandrecht würde nicht entstehen. Ein Auseinanderfallen des dinglich Verpflichteten und des persönlichen Schuldners ist trotzdem im Wege gutgläubigen Erwerbs möglich (vgl. §§ 4 und 1210).

7. Zweckbestimmung des Darlehns:

Das Darlehn muß landwirtschaflichen Zwecken dienen. Das ist zwar nicht ausdrücklich im Gesetz bestimmt, muß aber dem allgemeinen Sinn und Zweck des Pachtkreditgesetzes entnommen werden (unstr.). Wird das Darlehen für andere als landwirtschaftliche Zwecke beantragt und gewährt (z. B. für die Aussteuer einer Tochter, für den Kauf eines städtischen Mietshauses), so entsteht kein Pfandrecht (*Michaelsen* S. 15; *Stillschweig* JW 26, 2606; *Saalfrank* S. 15). Dieser Fall wird wohl kaum jemals praktisch werden. Kein Pachtkreditinstitut wird einem Pächter ein Darlehn geben, das von vornherein für andere als landwirtschaftliche Zwecke beantragt wurde.

Eine Prüfungspflicht des Kreditinstitutes, ob das für landwirtschaftliche Zwecke beantragte Darlehn tatsächlich auch dafür verwendet wird, besteht nicht (*Michaelsen* S. 15; a. A. *Stillschweig* JW 26, 2606; *Rothe* S. 29). Es genügt, daß der Pächter in seinem Kreditantrag die Verwendung des Darlehns für Landwirtschaftszwecke vorsieht. Im eigenen Interesse überprüfen die Banken jedoch regelmäßig die Verwendung der Darlehen und lassen sich zu diesem Zwecke in den Verpfändungsverträgen das Recht einräumen, den Pachtbetrieb jederzeit besichtigen und Vorlage der Bücher verlangen zu können (vgl. § 8 des Musters im Anhang 3). Die Gültigkeit des Pfandrechts wird nicht dadurch beeinträchtigt, daß der Pächter, der in seinem Kreditantrage das Darlehn für landwirtschaftliche Zwecke beanspruchte, das erhaltene Geld tatsächlich für andere Zwecke verwendet (unstr.).

8. Pfandrecht:

§ 1204 BGB (Begriff des Pfandrechts):

Eine bewegliche Sache kann zur Sicherung einer Forderung in der Weise belastet werden, daß der Gläubiger berechtigt ist, Befriedigung aus der Sache zu suchen (Pfandrecht).

Das Pfandrecht kann auch für eine künftige oder eine bedingte Forderung bestellt werden.

Die Anführung des § 1204 Abs. 1 BGB in § 1 PKrG will besagen, daß es sich bei dem Inventarpfandrecht um ein Pfandrecht im Sinne des BGB handelt. Soweit nicht Sondervorschriften des Pachtkreditgesetzes eingreifen (z. B. über Bestellung, Abtretung und Erlöschen des Inventarpfandrechts) finden sämtliche Vorschriften des BGB über das Pfandrecht ergänzend Anwendung, soweit sich nicht aus dem Sinn und Zweck des Pachtkreditgesetzes und daraus etwas anderes ergibt, daß das Inventarpfandrecht nicht an einzelnen beweglichen Sachen, sondern an einer Sachgesamtheit bestellt wird und daß an die Stelle der Besitzübertragung die Niederlegung des Verpfändungsvertrages beim Amtsgericht tritt (*Wagemann* S. 25; *Stillschweig* JW 26, 2606; *Pick* S. 47, 65; *Westermann* S. 619). Der teilweise anderen Ansicht des Reichsgerichts in RG 143, 7, 11, daß nicht allgemein die Vorschriften des BGB über das Pfandrecht entsprechende bzw. ergänzende Anwendung finden, kann nicht gefolgt werden. Zunächst wirkt es nicht überzeugend, wenn das RG feststellt, nach „Aufbau des Gesetzes" sei dessen sachenrechtlicher Teil „völlig selbständig und von dem BGB unabhängig gestaltet" und finde sich nirgends „ein allgemeiner Hinweis auf seine (des BGB) entsprechende Anwendung". Wenn das Pachtkreditgesetz (z. B. in §§ 1 und 10) nur einige Vorschriften des BGB über das Pfandrecht ausdrücklich für anwendbar erklärt, so deshalb, um Zweifel darüber auszuschließen, ob die angezogenen Paragraphen auch für das Inventarpfandrecht gelten sollen. Eine Bestimmung, nach der sämtliche Pfandrechtsvorschriften des BGB auch auf das Inventarpfandrecht anzuwenden seien, verbot sich schon deshalb, weil das Inventarpfandrecht ein besitzloses Pfandrecht an einer Sachgesamtheit ist, das Pfandrecht des BGB aber gerade ein Faustpfandrecht an Einzelsachen. Es findet sich im Pachtkreditgesetz keine Bestimmung, die die entsprechende Anwendung von BGB-Vorschriften verbietet. Wenn man nicht auch die nicht ausdrücklich im Pachtkreditgesetz angezogenen Pfandrechtsvorschriften des bürgerlichen Rechts für anwendbar halten würde, würden erhebliche Gesetzeslücken bei der Anwendung des Pachtkreditgesetzes vorhanden sein (vgl. z. B. §§ 1210, 1254, 1256, deren Anwendbarkeit gar nicht entbehrt werden kann; Näheres bei der Erläuterung dieser Bestimmungen im Teil 4). Ob eine Einzelvorschrift des BGB auf die durch das Pachtkreditgesetz geregelten Rechtsverhältnisse angewandt werden kann, muß danach entschieden werden, ob sie mit dem Zweck des Gesetzes und seinen Einzelbestimmungen übereinstimmt.

Das RG hat seine abweichende Ansicht u. a. damit begründet (RG 143, 9, 10), daß das Pachtkreditgesetz ein Sonder- und Notgesetz sei, das von Anfang an seine Geltungsdauer selbst beschränkt habe. Davon kann nach der Neufassung des Gesetzes vom 5. 8. 1951 (BGBl. I 494), durch die der § 23 des Inventarpfandrechtsgesetzes vom 9. 7. 1926 (enthaltend die Bestimmung, daß das Inventarpfandrechtsgesetz 10 Jahre nach seiner Verkündung außer Kraft treten sollte) gestrichen wurde, heute keine Rede mehr sein. Das Pachtkreditgesetz, das sich seit fast 30 Jahren bewährt hat, ist heute als fester Bestandteil unserer Rechtsordnung anzusehen (vgl. die Begründung zum Entwurf des Änderungsgesetzes vom 5. 8. 1951 — BGBl. I 492 — Bundestagsdrucksache Nr. 2091 vom 27. 3. 1951 Nr. 7 b, wo es heißt: „Da das Gesetz nunmehr ohne zeitliche Begrenzung gelten soll," . . .).

Das Inventarpfandrecht kann n e b e n das Pfandrecht des BGB treten, das unabhängig von dem Inventarpfandrecht an den einzelnen Inventarstücken bestellt werden kann.

Läßt sich das Pachtkreditinstitut für seinen Kredit zusätzlich die V e r s i c h e r u n g s f o r d e r u n g e n für die Versicherung des Inventars abtreten oder verpfänden (vgl. § 6 des Vertragsmusters im Anhang 3), so könnten bezüglich der Verwendung der Versicherungssumme Schwierigkeiten entstehen, da ein Verwendungszwang, wie ihn §§ 1127, 1128 zugunsten des Hypothekengläubigers festlegen, im Bereich des Pachtkreditgesetzes nicht besteht (*Lippmann* JW 32, 1035). Die Überwachung durch den Pachtkreditausschuß wird jedoch erforderlichenfalls eine zweckentsprechende Verwendung der Versicherungssumme sicherstellen.

Über die Befriedigung aus dem Pfandrecht vgl. § 10 und die dort erläuterten §§ 1228 ff. Das Pfandrecht ist streng akzessorisch. Es haftet für die Forderung in seinem jeweiligen Bestand (§ 1210). Wenn die Forderung untergeht, erlischt das Pfandrecht (§ 1252).

Über die Anwendbarkeit des § 1204 Abs. 2 vgl. oben Anm. 6 c und die Erläuterung zu § 1204 im 4. Teil.

9. Keine Besitzübertragung:

Vor Erlaß des Inventarpfandrechtsgesetzes vom 9. 7. 1926 wurde gelegentlich versucht, die Kreditnot der landwirtschaftlichen Pächter durch Sicherungsübereignung des Inventargutes zu beheben. Die Sicherungsübereignung bietet jedoch für Sicherungsgeber und -nehmer erhebliche Nachteile. Durch die Sicherungsübereignung erhält der Sicherungsnehmer eine stärkere Rechtsstellung, als ihm und dem Zwecke dieser Maßnahme zukommt. Dadurch besteht die, wenn auch nicht große, Gefahr eines Mißbrauchs dieser Rechtsstellung, die zumindest zu Prozessen führen kann. Für den Sicherungsnehmer besteht die Gefahr, daß die ihm sicherungsübereigneten Gegenstände noch mit Eigentumsvorbehalten Dritter belastet sind (gutgläubiger Erwerb ist wegen § 933 nicht möglich, solange der Sicherungsgeber im Besitz der Sachen bleibt) bzw. daß der Sicherungsgeber die Gegenstände zum zweiten Male (an einen gutgläubigen Dritten) übereignet und übergibt.

Diese Nachteile werden bei der Verpfändung nach dem Pachtkreditgesetz vermieden (vgl. § 4). Eine Besitzübertragung ist hier laut ausdrücklicher Gesetzesvorschrift zur Entstehung des Pfandrechts (entgegen den Vorschriften über das Pfandrecht des BGB, das nur ein Faustpfand kennt) nicht erforderlich. Wo sich das Inventarstück z. Zt. der Verpfändung gerade befindet, ist gleichgültig. Die sonst durch die Besitzübertragung hervorgerufene Publizität des Pfandrechts wird beim Inventarpfandrecht durch die Niederlegung des Verpfändungsvertrages beim Amtsgericht bewirkt (vgl. die ähnlichen Fälle der Hypothek, Schiffshypothek und des Kabelpfandrechts nach dem Gesetz vom 31. 3. 1925).

§ 2

Bestellung des Pfandrechts

(1) Zur Bestellung des Pfandrechts ist die Einigung des Pächters und des Gläubigers darüber, daß dem Gläubiger das Pfandrecht zustehen soll, und die Niederlegung des Verpfändungsvertrages bei

dem Amtsgericht, in dessen Bezirk der Sitz des Betriebes liegt, erforderlich. Der Verpfändungsvertrag bedarf der Schriftform. Er muß außer der Einigung über die Bestellung des Pfandrechts den Geldbetrag der Forderung und, wenn die Forderung verzinslich ist, den Zinssatz, wenn andere Nebenleistungen zu entrichten sind, ihren Geldbetrag und die über die Fälligkeit der Forderung getroffenen Abreden ergeben.

(2) Das Pachtkreditinstitut soll von der beabsichtigten Bestellung des Pfandrechts den Verpächter benachrichtigen.

1. (Abs. 1) Einigung:

a) Zur Bestellung des Pfandrechts ist die Einigung zwischen Pachtkreditinstitut und Pächter darüber erforderlich, daß an dem Inventar des Pächters für die zu sichernde Forderung ein Pfandrecht des Kreditinstituts entstehen soll. Die Einigung ist der auf Begründung des Pfandrechts gerichtete abstrakte dingliche Vertrag, der wegen der Akzessorietät des Pfandrechts auch die schuldrechtlichen Bestimmungen über das Darlehn enthalten muß. Die allgemeinen Vorschriften des BGB über Geschäftsfähigkeit, Willensmängel usw. finden Anwendung (vgl. §§ 116 ff., 145 ff.). In der Praxis geschieht die Einigung dadurch, daß der Pächter den ihm vom Kreditinstitut vorgelegten Verpfändungsvertrag unterschreibt. Es ist auch möglich, über das Darlehn eine vollstreckbare Urkunde (§ 794 Ziff. 5 ZPO) aufzunehmen.

b) Für den Inhalt der Einigung und damit des Verpfändungsvertrages schreibt § 2 Abs. 1 S. 3 in Nachbildung des § 1115 vor:

aa) Einigung über die Entstehung des Pfandrechts,
bb) über den Geldbetrag der Forderung,
cc) über den Zinssatz bei verzinslichen Forderungen,
dd) bei anderen Nebenleistungen über deren Geldbetrag,
ee) über die Fälligkeit der Forderung.

Unterbleibt in einem Verpfändungsvertrage die Einigung über einen der durch § 2 Abs. 1 S. 3 vorgeschriebenen Punkte, so entsteht das Problem, ob dadurch der Bestand des Pfandrechts ganz oder teilweise in Frage gestellt ist. Wird gegen aa) oder bb) verstoßen, so entsteht kein Pfandrecht. Wird es dagegen unterlassen, den Zinssatz oder andere Nebenleistungen anzugeben (cc) und (dd), so entsteht das Pfandrecht, das Inventar haftet aber nicht für etwa später vereinbarte Zinsen und Nebenleistungen (vgl. *Rothe* S. 33; *Pick* S. 50; *Staudinger* § 1115 Anm. 25). Obwohl das Gesetz von dem „Geldbetrag" der Nebenleistungen spricht, genügt es, wenn im Vertrag die Umstände angegeben werden, aus denen sich der Umfang der Nebenleistungen berechnen läßt, auch wenn sie nur unter gewissen Bedingungen zu bewirken sind (vgl. *Staudinger* § 1115 Anm. 26b). Das Fehlen einer Vereinbarung über die Fälligkeit beeinträchtigt das Entstehen des Pfandrechts nicht (a. A. anscheinend *Pick* S. 50). Vgl. im übrigen das Vertragsmuster im Anhang 3.

c) Für die Einigung ist Schriftform vorgeschrieben. Notarielle oder gerichtliche Beurkundung ist nicht erforderlich. Nach § 126 muß zur Erfüllung der gesetzlichen Schriftform die Unterzeichnung der Parteien auf derselben Urkunde erfolgen, oder es müssen gleichlautende unterschriebene Urkunden ausgetauscht werden. Wird gegen die Schriftform verstoßen, so ist der Vertrag nichtig (§ 125).

2. (Abs. 1) Niederlegung des Verpfändungsvertrages beim Amtsgericht:

Der Verpfändungsvertrag kann beim Amtsgericht durch den Pächter oder durch das Pachtkreditinstitut niedergelegt werden (§ 15 Abs. 1). Das Amtsgericht hat den Zeitpunkt der Niederlegung des Verpfändungsvertrages auf dem Vertrag zu vermerken und dem Niederlegenden über den Zeitpunkt der Niederlegung eine Bescheinigung zu erteilen (§ 15 Abs. 2).

Zuständig ist das Amtsgericht, in dessen Bezirk der Sitz des Betriebes der Pachtung liegt, nicht in dessen Bezirk sich das Pachtkreditinstitut befindet. Maßgebend ist auch nicht die Lage des Pachtgrundstücks, das zu mehreren Amtsgerichtsbezirken gehören kann. Der Sitz des Betriebes ist der Ort, wo die Verwaltung geführt wird, bei Nebenbetrieben der Sitz der Hauptverwaltung. Der Wohnsitz des Pächters kann davon verschieden sein (*Wagemann* S. 27; *Michaelsen* S. 18; *Pick* S. 49; vgl. § 24 BGB, § 17 ZPO). Wenn im Einzelfall die Zuständigkeit des Gerichts zweifelhaft ist, empfiehlt sich die Niederlegung bei beiden in Frage kommenden Gerichten bzw. die Einholung von Pfandfreiheitserklärungen beider Gerichte. Wird der Betriebssitz verlegt, so berührt das die Wirksamkeit des Inventarpfandrechts nicht. Für zukünftige Verpfändungen ist der neue Betriebssitz maßgebend. Die Pfandfreiheitsbescheinigung gem. § 16 Abs. 2 erbringt mithin keine volle Sicherheit darüber, daß noch keine Verpfändung des Inventars erfolgt ist (*Pick* S. 50). Ist nach § 1246 i. V. m. § 166 FGG ein anderes Amtsgericht als das des Betriebssitzes zuständig, so werden gleichwohl keine Bedenken bestehen, daß auch in diesem Falle das Amtsgericht des Betriebssitzes tätig wird (*Pick* S. 75).

Über den Fall der Änderung der Zuständigkeit des Amtsgerichts durch Änderung der Gerichtsgrenzen vgl. Ziff. 2 der AV des RJM vom 6. 11. 1939 (abgedruckt im Anhang 2).

Die Niederlegung bei einem örtlich unzuständigen Gericht ist unwirksam (*Wagemann* S. 27; *Michaelsen* S. 19), da andernfalls die Erteilung einer Pfandfreiheitsbescheinigung (§ 16 Abs. 2) wertlos sein würde. Das Kreditinstitut, das im Vertrauen auf eine vom zuständigen Amtsgericht eingeforderte Pfandfreiheitsbescheinigung einem Pächter Kredit gewährt, könnte schwer geschädigt werden, wenn ihm ein bei einem unzuständigen Gericht begründetes Pfandrecht vorgehen sollte (*Michaelsen* S. 19). Der Rechtsgedanke des § 7 FGG — die Entgegennahme durch das Gericht ist eine dem Gebiet der freiwilligen Gerichtsbarkeit angehörende Handlung (*Schlegelberger* § 1 Anm. 20 Ziff. 13) — kann hier nicht angewendet werden, da die Niederlegung des Verpfändungsvertrages eine Handlung der Parteien, nicht aber eine Handlung des Gerichts ist, was § 7 FGG voraussetzt (*Wagemann* S. 27; a. A. *Rothe* S. 34). Die Mitwirkung des Gerichts aber erschöpft sich in der Entgegennahme des Vertrages. Diese Mitwirkung des Gerichts durch Entgegennahme des Vertrages ist aber auch erforderlich. Eine „Niederlegung" liegt deshalb nicht schon dann vor, wenn der Vertrag in den Briefkasten des Amtsgerichts eingeworfen wird (*Wagemann* S. 27).

Während zur Einleitung eines Verfahrens nach dem Pachtkreditgesetz ein Parteiakt (Niederlegung, Anzeige, Antrag) erforderlich ist, richtet sich die Durchführung nach dem Grundsatz des Amtsbetriebs (§ 12 FGG).

Das Gericht ist nicht verpflichtet, die Gültigkeit und Rechtsbeständigkeit der bei ihm niedergelegten Verträge zu überprüfen (*Rothe* S. 34; *Wagemann* S. 19; *Michaelsen* S. 18; *Matiba* S. 341). Für eine solche Prüfung besteht auch kein Bedürfnis, da Dritte nicht geschädigt werden können. Durch die Niederlegung des Vertrages entsteht ein Pfandrecht nur unter den Voraussetzungen der §§ 1 und 2. Sind diese Voraussetzungen nicht gegeben, so werden davon nur die Beteiligten betroffen. Ein dritter Kreditgeber, der sich durch Rückfrage beim Amtsgericht von dem Vorhandensein eines Verpfändungsvertrages überzeugt hatte, erlangt, wenn die Pfandbestellung aus irgendeinem Grunde unwirksam ist, eine vorteilhaftere Rechtsstellung, als er erwarten durfte. Gefährdet kann allenfalls ein anderes Pachtkreditinstitut werden, an das die durch das angeblich bestehende Pfandrecht gesicherte Forderung abgetreten wird (§ 13), da es — auch bei Gutgläubigkeit — kein Pfandrecht erwirbt (vgl. § 13 Anm. 4). Von einem Pachtkreditinstitut kann man indessen die notwendige Vorsicht und Prüfung beim Erwerb der Forderung erwarten.

Das Gericht ist befugt, die Entgegennahme des Pfandvertrages abzulehnen, wenn dieser offenbar unwirksam ist bzw. von einem offenbar Unbefugten niedergelegt werden soll (*Pick* S. 50; vgl. § 15 Anm. 1).

Der Fortbestand des Inventarpfandrechts ist von dem Verbleib des Pfandvertrages bei Gericht nicht abhängig. Es bleibt auch bestehen, wenn der Vertrag nach vermeintlichem Erlöschen des Pfandrechts zu Unrecht gem. § 15 Abs. 4 herausgegeben wurde (vgl. *Pick* S. 51).

Die Niederlegung, die vom Amtsgericht protokollarisch festgestellt wird (§ 15 Abs. 2), hat die Wirkung, daß in diesem Zeitpunkt das Pfandrecht entsteht (über den Rang verschiedener Pfandrechte vgl. § 1209). Die Niederlegung muß zu der Einigung hinzutreten, um das Pfandrecht zu begründen. Die Eintragung in ein Register ist hier (anders als bei Grund- und Schiffspfandrechten und beim Kabelpfandrecht) nicht erforderlich. Das Pfandrecht nach dem Pachtkreditgesetz ist daher nicht nur besitzlos, sondern auch registerlos. Die auf den Amtsgerichten niedergelegten Verpfändungsverträge werden zwar, der Übersichtlichkeit halber, in das Kb-Register eingetragen. Das Pfandrecht ist jedoch schon vorher entstanden und bleibt auch rechtswirksam, wenn die Eintragung aus irgendeinem Grunde unterbleibt.

3. Kosten:

Für die Niederlegung eines Verpfändungsvertrages einschließlich der Erteilung einer Bescheinigung über die Niederlegung (§ 15 Abs. 2) wird die Hälfte einer vollen Gebühr der Kostenordnung erhoben (§ 117 Abs. 1 KostO, abgedruckt im Teil 4 III). Nachträgliche Ergänzungen sind gebührenfrei §§ 1, 117 Abs. 4 KostO).

4. (Abs. 2) Benachrichtigung:

Abs. 2 legt dem Pachtkreditinstitut die Verpflichtung auf, den Verpächter (zu dessen Schutz, vgl. § 4) von der beabsichtigten Bestellung des Inventarpfandrechts zu benachrichtigen. Obwohl es sich nach dem Wortlaut des Gesetzes um eine Soll-Vorschrift handelt, macht sich das Kreditinstitut schadensersatzpflichtig, wenn es schuldhaft die Benachrichtigung unterläßt. § 2 Abs. 2 bezweckt den Schutz eines anderen und ist daher ein Schutzgesetz im Sinne des § 823 Abs. 2 BGB (*Wagemann* S. 27; *Michaelsen* S. 23; *Pick* S. 51; *Soergel* § 823 Anm. 5; LG Dresden, Der Verpächter, 1934, 9). Vgl. § 4 Anm. 1c.

§ 3

Erstreckung des Pfandrechts

(1) Das Pfandrecht erstreckt sich auf das gesamte, dem Pächter zur Zeit der Niederlegung des Verpfändungsvertrages gehörende Inventar. Sollen einzelne Inventarstücke von der Verpfändung ausgenommen werden, so müssen sie im Verpfändungsvertrag einzeln und unter Angabe ihrer kennzeichnenden Merkmale bezeichnet werden.

(2) Das Pfandrecht erstreckt sich weiter auf Inventarstücke, die der Pächter nach der Entstehung des Pfandrechts erwirbt, sobald er sie in das Inventar einverleibt. Dies gilt nicht, wenn die Erstreckung des Pfandrechts durch eine schriftliche Vereinbarung des Pächters und des Pfandgläubigers ausgeschlossen und die Vereinbarung bei dem im § 2 Abs. 1 bezeichneten Gericht niedergelegt worden ist. In der Vereinbarung muß das Inventarstück unter Angabe seiner kennzeichnenden Merkmale bezeichnet werden.

1. (Abs. 1) Umfang des Pfandrechts:

a) Über den Begriff des Inventars vgl. § 1 Anm. 5.

b) Verpfändet werden kann nur das gesamte, dem Pächter gehörende Inventar. Ausnahmen von diesem Grundsatz sind nur nach § 3 Abs. 1 S. 2 und Abs. 2 zulässig (vgl. auch § 4 Abs. 3). Maßgebend für den Umfang des Pfandrechts ist der Zeitpunkt der Niederlegung des Vertrages, nicht der Zeitpunkt des Vertragsabschlusses. Erst mit der Niederlegung des Vertrages beim Amtsgericht entsteht das Pfandrecht (vgl. § 2 Anm. 2). Eine selbständige Verpfändung von Teilen des Inventars ist nicht möglich, vgl. § 1 Anm. 5c.

c) Wegen der dem Pächter nicht gehörenden Gegenstände vgl. § 4.

d) Wenn einzelne Inventarstücke nicht mitverpfändet werden sollen, so muß das im Verpfändungsvertrage vereinbart sein. Die von der Verpfändung ausgenommenen Stücke müssen einzeln und unter möglichst genauer Angabe der sie kennzeichnenden Merkmale (z. B. Fabriknummer, Type, Baujahr einer Maschine, Herdbuchnummern und sonstige Eintragungen im Zuchtregister bei Vieh) bezeichnet und im Verpfändungsvertrage aufgeführt werden. Beweispflichtig dafür, daß ein Inventarstück aus der Pfandhaft herausgenommen ist, ist der Pächter. Es ist daher seine Sache, für eine einwandfreie Kennzeichnung der auszunehmenden Stücke zu sorgen (*Wagemann* S. 28).

Die Aufstellung eines Inventarverzeichnisses ist nicht vorgeschrieben, wird aber häufig zweckmäßig sein. Wird ein Inventarverzeichnis aufgestellt, so hat es nicht die Vermutung der Vollständigkeit und Richtigkeit für sich, sondern der Umfang des Inventarpfandrechtserwerbs richtet sich ausschließlich nach § 3 (*Lippmann* JW 26, 2610).

2. (Abs. 2) Erstreckung des Pfandrechts auf dem Inventar einverleibte Gegenstände:

Das verpfändete Inventar unterliegt der Abnutzung und dem Verbrauch, es veraltet und muß daher erneuert und ergänzt werden. Das Inventarpfandrecht ergreift deshalb auch die Gegenstände, die der Pächter nach dem Wirksamwerden des Verpfändungsvertrages dem Inventar einverleibt. § 3 Abs. 2 bezweckt den Schutz des Pachtkreditinstitutes vor einer Entwertung der Pfandgegenstände und findet sein Gegenstück in § 5 Abs. 2, wonach die innerhalb der Grenzen einer ordnungsmäßigen Wirtschaft veräußerten Pfandstücke vom Pfandrecht frei werden. Für das lebende Inventar hat § 3 Abs. 2 S. 1 keine große Bedeutung, da die Tierjungen schon nach der Vorschrift des § 1212 vom Pfandrecht ergriffen werden (*Michaelsen* S. 21; *Stillschweig* JW 26, 2606), für das tote Inventar, das der Gefahr rascher Abnutzung bzw. Wertminderung durch neue Erfindungen usw. unterliegt, ist sie jedoch wichtig.

Die Einverleibung ist der Erwerb der Ersatzstücke zusammen mit der Verbringung der Stücke auf das Pachtgrundstück (vgl. § 588, der den Eisernviehvertrag behandelt, und §§ 1048, 1378; *Kiesow* S. 23; *Michaelsen* S. 21; *Pick* S. 51). Der Pfandrechtserwerb erfolgt im Augenblick der Einverleibung kraft Gesetzes. Es ist dabei unerheblich, ob es sich um Ersatzstücke oder um eine Vermehrung des Inventars handelt (*Palandt*, § 588 Anm. 3). Soll sich das Pfandrecht nicht auf das neu angeschaffte Inventar erstrecken, so muß vor der Einverleibung eine entsprechende schriftliche Vereinbarung (vgl. § 2 Anm. 1) zwischen Pächter und Pfandgläubiger abgeschlossen und beim zuständigen Amtsgericht (vgl § 2 Anm. 2) niedergelegt sein. In dieser Vereinbarung müssen die betreffenden Inventarstücke genau bezeichnet sein (vgl. § 3 Anm. 1). Die Vereinbarung über den Ausschluß gewisser später anzuschaffender Inventarstücke kann schon — soweit die kennzeichnenden Merkmale bereits bekannt sind und bezeichnet werden können — im ursprünglichen Verpfändungsvertrage enthalten sein (*Wagemann* S. 29). Wird ein unter Eigentumsvorbehalt stehendes Inventarstück dem Inventar einverleibt, so erstreckt sich das Inventarpfandrecht auch auf dieses Stück, das vorbehaltene Eigentum geht dem Pfandrecht nach (vgl. § 4 Anm. 1c; *Stillschweig* JW 26, 2608; a. A. *Wagemann* S. 30; *Michaelsen* S. 24; *Rothe* S. 43; *Pick* S. 53; *Westermann* S. 619).

3. Kosten:

Die Niederlegung der Vereinbarung nach § 3 Abs. 2 S. 2 ist gebührenfrei (§ 117 Abs. 4 KostO, abgedruckt im Teil 4 III).

§ 4

Schutz des guten Glaubens

(1) Gehört ein Inventarstück nicht dem Pächter, so erwirbt der Gläubiger gleichwohl ein Pfandrecht, es sei denn, daß ihm im Zeitpunkt der Niederlegung des Verpfändungsvertrages bekannt ist oder infolge grober Fahrlässigkeit unbekannt ist, daß das Inventarstück dem Pächter nicht gehört.

(2) Ist ein Inventarstück mit dem Recht eines Dritten belastet, so findet die Vorschrift des Absatzes 1 mit der Maßgabe Anwendung, daß das Pfandrecht dem Rechte des Dritten vorgeht. Das Verhältnis des Pfandrechts des Pachtkreditinstituts zu dem gesetzlichen Pfandrecht des Verpächters bestimmt sich ausschließlich nach § 11.

(3) Die Vorschrift des § 935 des Bürgerlichen Gesetzbuchs bleibt unberührt.

1. (Abs. 1) Gutgläubiger Pfandrechtserwerb bei nicht im Eigentum des Pächters stehendem Inventar:

Nach § 1 und § 3 S. 1 erstreckt sich das Inventarpfandrecht grundsätzlich nur auf die Inventarstücke, die im Eigentum des Pächters stehen. Eine Ausnahme bildet die Möglichkeit gutgläubigen Erwerbs des Pfandrechts, die auch sonst im bürgerlichen Recht zu finden ist (§ 1207). Für die Möglichkeit gutgläubigen Erwerbs nach § 4 ist es ohne Belang, ob das gesamte Inventar oder nur einzelne Inventarstücke nicht im Eigentum des Pächters stehen (h. M.; a. A. *Saalfrank* S. 14, 20).

a) Voraussetzung für den gutgläubigen Erwerb ist zunächst der g u t e G l a u b e des Pachtkreditinstituts, d. h. ihm darf das fehlende Eigentum des Pächters nicht bekannt oder infolge grober Fahrlässigkeit unbekannt geblieben sein (vgl. § 932 Abs. 2). Der gute Glaube muß im Zeitpunkt der Niederlegung des Verpfändungsvertrages (vgl. § 2 Anm. 2) vorhanden sein.

b) Grobfahrlässig handelt, wer die nach § 276 im Verkehr erforderliche Sorgfalt in besonders schwerem Maße verletzt (*Palandt* § 277 Anm. 2). Allgemein gültige Grundsätze lassen sich nicht aufstellen, alle Umstände des Einzelfalles sind zu berücksichtigen (*Palandt* § 932 Anm. 2b). Einzelfälle aus der Rechtsprechung: wer verdächtige Umstände kennt und dennoch die gebotenen weiteren Nachforschungen unterläßt (RG 58, 162); wenn nicht das beachtet wird, was im gegebenen Falle jedem einleuchten muß (RG 141, 131); wenn schon einfachste, ganz naheliegende Überlegungen nicht angestellt werden (RG 163, 106, vgl. ferner RG 143, 18; 166, 101). Eine allgemeine Nachforschungspflicht, insbesondere gegenüber Dritten, besteht nicht (Warn. 32, 9), an Kreditinstitute werden aber besonders hohe Anforderungen gestellt (HRR 39, 637). Das gilt auch im Bereiche des Pachtkreditgesetzes (*Saalfrank* S. 30).

c) Die praktisch wichtigsten Fälle, in denen ein gutgläubiger Pfandrechtserwerb eintreten kann, sind — neben dem Fall, daß sich ein geliehenes Inventarstück auf dem Pachtgrundstück befindet — die, daß das Inventar dem Verpächter gehört, daß es einem Dritten sicherungsübereignet ist, oder daß es unter Eigentumsvorbehalt geliefert worden ist.

aa) Um einen Rechtsverlust des Verpächters zu verhindern, ist das Pachtkreditinstitut nach § 2 Abs. 2 verpflichtet, dem Verpächter von der beabsichtigten Pfandbestellung Mitteilung zu machen. Dieser erhält damit die Möglichkeit, die Pachtbank über sein Eigentum an den Inventarstücken aufzuklären und so den guten Glauben der Bank zu zerstören (vgl. auch § 2 Anm. 4). Unterläßt der Verpächter trotz Benachrichtigung durch das Kreditinstitut den Hinweis auf sein Eigentum, so handelt die Bank nicht grob fahrlässig, wenn sie keine Ermittlungen darüber anstellt, ob einzelne Inventarstücke dem Verpächter gehören, z. B. ob ein Eisernviehvertrag vorliegt (*Michaelsen* S. 23). Unterläßt das Kreditinstitut die ihm nach § 2 Abs. 2 obliegende Benachrichtigung, so braucht darin nicht in allen Fällen eine grobe Fahrlässigkeit zu liegen (a. A. *Rothe* S. 40; *Stillschweig* JW 26, 2607; *Palandt* § 1207 Anm. 2), obwohl sie meist zu bejahen sein wird. Die verkehrserforderliche Sorgfalt muß gerade im Hinblick auf das Eigentum des Verpächters vorliegen, z. B. wird bei einem Pachtvertrag der bereits lange Jahre läuft, das Kreditinstitut nicht anzunehmen brauchen, daß dem Verpächter noch Inventar gehört, insbesondere wenn der Verpächter kein Landwirt (mehr) ist und räumlich weit entfernt von seinem Grundstück wohnt. In einem solchen Falle wird auch die Unterlassung der Benachrichtigung nach § 2 Abs. 2 nicht als grobe Fahrlässigkeit im Sinne des § 4 Abs. 1 anzusehen sein. Eine andere Frage ist es, ob nicht die Unterlassung der Benachrichtigung nach § 2 Abs. 2 schadensersatzpflichtig nach § 823 Abs. 2 macht (vgl. darüber § 2 Anm. 4).

bb) Ist das Inventarstück vor der Verpfändung an das Pachtkreditinstitut an einen Dritten sicherungsübereignet, so entsteht bei Gutgläubigkeit der Pachtbank ein dem Sicherungseigentum vorgehendes Inventarpfandrecht (*Pick* S. 56). Das Sicherungseigentum geht zwar nicht unter, jedoch muß der Sicherungseigentümer die vorzugsweise Befriedigung des Inventarpfandgläubigers dulden. Erlischt die Forderung des Pachtkreditinstitutes, so wird das Sicherungseigentum wieder voll wirksam (vgl. *Stillschweig* JW 26, 2607). Der Sicherungseigentümer von landwirtschaftlichem Inventar muß mit der Bestellung und dem gutgläubigen Erwerb des Inventarpfandrechts rechnen. Wird n a c h der Verpfändung Inventar sicherungsübereignet, so bleibt das Pfandrecht bestehen und geht dem Sicherungseigentum vor.

cc) Ist im Zeitpunkt der Verpfändung ein auf einem Inventarstück lastender E i g e n t u m s v o r b e h a l t noch nicht erloschen, erwirbt das gutgläubige Pachtkreditinstitut ein vorrangiges Inventarpfandrecht. Die in der Regel im Verpfändungsvertrag enthaltene Erklärung des Pächters (vgl. § 2 des Musters im Anhang 3), Eigentümer des Inventars zu sein, entbindet das Kreditinstitut jedoch nicht in jedem Falle von der Verpflichtung, sich von der Wahrheit dieser Erklärung im Einzelfalle durch geeignete Maßnahmen zu überzeugen. Das Institut des Eigentumsvorbehalts ist heute so weit verbreitet, daß regelmäßig bei neu angeschafften Inventarstücken (insbesondere bei Maschinen) mit Eigentumsvorbehalten der Lieferanten gerechnet werden muß (*Heyum* JW 30, 784; a. A. *Michaelsen* S. 23; *Rothe* S. 42). Die Kreditinstitute werden sich also in vielen Fällen von dem uneingeschränkten Eigentumsrecht des Pächters durch Vorlage der bezahlten Rechnungen überzeugen müssen. Wenn auch eine falsche, vom Pächter abgegebene, Erklärung über sein Eigentum am Inventar Schadensersatzansprüche nach § 823 Abs. 2 (da in aller Regel Betrug vorliegt) für die Pachtbank entstehen läßt, so sind diese im Ernstfall (Zwangsvollstreckung, Konkurs) meist wertlos.

Wird n a c h der Bestellung des Inventarpfandrechts (der Zeitpunkt der Entstehung des Pfandrechts läßt sich aus dem vom Amtsgericht gem. § 15 Abs. 2 anzubringenden Vermerk genau festlegen) ein unter Eigentumsvorbehalt stehendes Inventarstück dem Inventar einverleibt, so erstreckt sich das Inventarpfandrecht gem. § 3 Abs. 2 auch auf dieses dem Pächter nicht gehörende Stück. Das vorbehaltene Eigentum geht dem Inventarpfandrecht nach (*Stillschweig* JW 26, 2408; a. A. die h. M.: *Wagemann* S. 30; *Michaelsen* S. 24; *Rothe* S. 43; *Pick* S. 56; *Westermann* S. 619), wenn das Pachtkreditinstitut in gutem Glauben ist (*Stillschweig* JW 26, 2608). Gutgläubig ist das Pachtkreditinstitut auch dann, wenn — wie es in aller Regel der Fall sein wird — sich der ganze Vorgang der Einverleibung ohne seine Kenntnis vollzieht.

Die eben geschilderte Rechtslage (vgl. auch § 3 Anm. 2) ist für den Vorbehaltsverkäufer und damit für den landwirtschaftlichen Abzahlungskauf ungünstig. Schützen kann sich der Vorbehaltsverkäufer jedoch dadurch, daß er sich die bei Gericht niederzulegende schriftliche Vereinbarung gemäß § 3 Abs. 2 nachweisen läßt, nach der das anzukaufende Inventarstück dem Pfandrecht nicht unterliegen soll. Ein weiterer Schutz ist dadurch möglich, daß z. B. ein Lieferant von landwirtschaftlichen Maschinen allen in Betracht kommenden Prachtkreditinstituten mitteilt, er behalte sich bei allen von ihm verkauften Maschinen das

Eigentum bis zur völligen Zahlung des Kaufpreises vor. Eine solche Benachrichtigung dürfte ausreichen, um den guten Glauben der Pachtbanken zu zerstören.

dd) Die Beweislast für die Bösgläubigkeit des Pachtkreditinstitutes trägt der Eigentümer des strittigen Inventarstücks. Das ergibt sich nach den allgemeinen Beweislastregeln im bürgerlichen Recht aus dem Wortlaut des § 4 Abs. 1 („es sei denn, daß . . .").

2. (Abs. 2) Gutgläubiger Erwerb von erststelligen Pfandrechten bei mit Rechten Dritter bereits belasteten Inventarstücken:

a) Wenn das verpfändete Inventarstück bereits mit dem dinglichen Recht (z. B. Nießbrauch, Vertragspfandrecht, Unternehmerpfandrecht, kaufmännisches Zurückbehaltungsrecht gem. §§ 369 ff. HGB; nicht jedoch Pfändungspfandrechte, vgl. § 7; bezüglich des Verpächterpfandrechts vgl. § 11) eines Dritten belastet ist, geht das Inventarpfandrecht vor, wenn das Pachtkreditinstitut im Zeitpunkt der Niederlegung des Verpfändungsvertrages in gutem Glauben darüber war, daß das Inventarstück frei von Rechten Dritter ist. Über den guten Glauben vgl. oben Anm. 1. § 4 Abs. 2 ist dem § 1208 nachgebildet. Der gutgläubige Erwerb eines erststelligen Pfandrechts tritt nicht nur bei Inventarstücken ein, die Eigentum des Pächters sind, sondern auch bei den dem Pächter nicht gehörenden Inventarstücken, bei denen die Voraussetzungen des § 4 Abs. 1 vorliegen (vgl. *Palandt* § 1208 Anm. 1). War der Pfandgläubiger nicht gutgläubig, geht sein Inventarpfandrecht den älteren dinglichen Rechten im Range nach. Deren Rang unter sich richtet sich nach dem Zeitpunkt ihrer Bestellung (§ 1209; *Wagemann* S. 31).

Die Regelung des Abs. 2 S. 1 gilt nicht für das Verhältnis zwischen dem gesetzlichen Verpächterpfandrecht (§§ 559, 560, 581 Abs. 2, 585) und dem Inventarpfandrecht. Dieses Verhältnis bestimmt sich ausschließlich nach § 11. Beide Pfandrechte gelten ohne Rücksicht auf den Zeitpunkt ihrer Entstehung als gleichrangig. Vgl. im übrigen § 11.

b) Das Pfandrecht nach dem Gesetz zur Sicherung der Düngemittel- und Saatgutversorgung vom 19. 1. 1949 (WiGBl. 1949 S. 8 i. V. m. dem Verlängerungsgesetz vom 30. 7. 1951 — BGBl. I S. 476 —), das an den Früchten besteht (Früchtepfandrecht), geht nach § 2 Abs. 4 des erwähnten Gesetzes allen dinglichen Rechten, also auch dem Inventarpfandrecht, im Range vor. Vgl. auch § 810 Anm. 1 ZPO, abgedruckt im Teil 4 II.

3. (Abs. 3) Kein gutgläubiger Erwerb bei abhanden gekommenen Sachen:

Nach § 935 ist ein gutgläubiger Erwerb nicht möglich an Sachen, die dem Eigentümer gestohlen worden, verloren gegangen oder sonst abhanden gekommen sind. Das gleiche gilt, falls der Eigentümer nur mittelbarer Besitzer war, dann, wenn die Sache dem Besitzer abhanden gekommen ist. An Inventarstücken, die dem Eigentümer gestohlen usw. sind, tritt also ein Erwerb des Pfandrechts kraft guten Glaubens nicht ein.

Die Anführung des § 935 ist übrigens gesetzestechnisch nicht korrekt. § 935 handelt nicht vom Erwerb des Pfandrechts, sondern vom Erwerb des Eigentums. Es hätte § 1207 angezogen werden müssen, der seinerseits auf § 935 Bezug nimmt. Immerhin ist die Bedeutung des Abs. 3 nicht zweifelhaft (vgl. *Wagemann* S. 31).

§ 5

Verfügungen über das Inventar

(1) Erwirbt ein Dritter von dem Pächter ein mit dem Pfandrecht belastetes Inventarstück oder ein Recht an einem solchen Inventarstück, so kann er sich, solange der Verpfändungsvertrag bei dem Amtsgericht niedergelegt ist, dem Pachtkreditinstitut gegenüber nicht darauf berufen, daß er in Ansehung des Pfandrechts in gutem Glauben war.

(2) Verfügt der Pächter über einzelne Inventarstücke, so wird das Inventarstück von der Haftung frei, wenn die Verfügung innerhalb der Grenzen einer ordnungsmäßigen Wirtschaft geschieht und das Inventarstück von dem Grundstück entfernt wird, bevor der Pfandgläubiger sein Pfandrecht gerichtlich geltend gemacht hat.

1. Verfügungen des Pächters über das Inventar nach der Verpfändung:

Grundsätzlich bleibt der Pächter berechtigt, auch nach der Verpfändung Verfügungen über das Inventar zu treffen. Wenn auch die Pachtkreditinstitute weitgehend geschützt werden, um dem Pächter die Kreditterlangung zu ermöglichen, so muß dem Pächter doch eine gewisse Bewegungsfreiheit verbleiben.

Mit der Beendigung des Pachtverhältnisses endet auch die Verfügungsmöglichkeit gem. § 5. Verbraucht der Verpächter nach der Beendigung der Pacht Erzeugnisse und Vorräte, die mit dem Pfandrecht belastet sind, so kann er sich nicht auf § 5 berufen, auch wenn der Verbrauch im Rahmen ordnungsgemäßer Wirtschaft erfolgt (RG 142, 204). Vgl. § 8 Anm. 2d.

Das Gesetz unterscheidet, ob sich die Verfügung über Inventarstücke innerhalb der Grenzen einer ordnungsmäßigen Wirtschaft hält oder nicht.

2. (Abs. 1) Kein gutgläubiger Erwerb Dritter:

Verfügt der Pächter über ein mit dem Pfandrecht belastetes Inventarstück (z. B. durch Veräußerung, Sicherungsübereignung, Bestellung eines Faustpfandrechts), so ist sie in jedem Falle wirksam, ganz gleich, ob die Grenzen ordnungsmäßiger Wirtschaft überschritten sind oder nicht: der Erwerber (wenn es sich bei der Verfügung um eine Veräußerung handelte) wird Eigentümer (*Wagemann* S. 32). Allerdings ist das Eigentum des Erwerbers belastet mit dem Inventarpfandrecht, wenn die Verfügung nicht im Rahmen ordnungsmäßiger Wirtschaft geschah (vgl.

Abs. 2). Das Inventarpfandrecht des Pachtkreditinstitutes geht, wenn der Pächter die Grenzen ordnungsmäßiger Wirtschaftsführung überschreitet, in jedem Falle dem Recht des Erwerbers (sei es Eigentum, Vertragspfandrecht, Pfändungspfandrecht, Nießbrauch usw.) vor (vgl. auch §§ 8 und 12). Die Möglichkeit gutgläubigen Erwerbs eines dinglichen Rechtes mit Rang vor dem Inventarpfandrecht ist gem. § 5 Abs. 1 nicht gegeben. Das erscheint gerechtfertigt, weil der Erwerber beim Amtsgericht nachfragen kann (§ 16). Solange der Verpfändungsvertrag beim Amtsgericht liegt, vernichtet diese Tatsache — wie in anderen Fällen die Eintragung im Grundbuch oder im Schiffsregister — den guten Glauben. § 366 Abs. 3 HGB (vgl. § 1 Anm. 2) findet keine Anwendung (zweifelnd *Pick* S. 57).

Nimmt der Pächter übermäßige Eingriffe in das Inventar vor, verkauft er z. B. einen so großen Teil der Ernte, daß kein genügender Vorrat bis zur neuen Ernte vorhanden ist, um aus dem Erlös den Verpächter oder das Pachtkreditinstitut zu befriedigen (vgl. § 11 Anm. 2), so liegt keine ordnungsmäßige Wirtschaft vor. Einer solchen Verfügung kann der Verpächter nach § 560 (vgl. die Erläuterungen dazu in Teil 4 I 2) widersprechen und gem. § 8 auf Unterlassung klagen. Duldet die Pachtbank ein solches Vorgehen des Pächters zu ihren Gunsten, so wird eine Beschwerde an den Pachtkreditausschuß in Betracht kommen (*Lippmann* S. 1034). Verfügt der Pächter in der angegebenen Weise zugunsten des Verpächters, so hat das Pachtkreditinstitut die Unterlassungsklage gem. § 8.

Gutgläubiger Erwerb ist nur bei unmittelbarem Rechtserwerb vom Pächter nach § 5 Abs. 1 ausgeschlossen. Verfügt der Vertragsgegner des Pächters weiter über das Inventarstück, so kann ein gutgläubiger Dritterwerber ein dem Inventarpfandrecht vorgehendes Recht erwerben (unstr.). Die Belastung mit einem Inventarpfandrecht macht das Inventarstück also nicht zu einer verkehrsunfähigen Sache, wie es z. B. die abhanden gekommenen Sachen sind (vgl. § 935).

3. (Abs. 2) Freiwerden von Inventarstücken:

a) Abs. 2 regelt die Rechtsfolgen für den Fall, daß der Pächter über ein Inventarstück innerhalb der Grenzen ordnungsmäßiger Wirtschaft verfügt. Die Vorschrift entspricht dem § 588 Abs. 1 S. 2 (vgl. auch §§ 1122, 1043) und verbindet ihn mit dem in § 1121 enthaltenen Rechtsgedanken, daß Zubehörstücke von der hypothekarischen Haftung frei werden, wenn sie veräußert und von dem Grundstück entfernt werden, bevor sie zugunsten des Gläubigers beschlagnahmt worden sind. Auf den guten Glauben des Erwerbers kommt es hier nicht an (*Pick* S. 59).

Ob eine Verfügung im Rahmen ordnungsmäßiger Wirtschaft liegt, ist Tatfrage und muß erforderlichenfalls vom Gericht entschieden werden. Wenn der Pächter die Pachtung aufgibt und samt Inventar auf einen anderen Pachthof zieht, dürfte das nicht unter eine „Verfügung im Rahmen ordnungsmäßiger Wirtschaft" fallen, mithin kein Freiwerden von der Pfandhaftung bewirken. Zur Vermeidung von Zweifeln empfiehlt es sich jedoch, wenn der Umzug im Einvernehmen mit dem Pfandgläubiger durchgeführt wird, den hinterlegten Pachtvertrag zu berichtigen (Änderung der Pachtstelle usw.). Wird durch den Umzug ein anderes Gericht zuständig, wird der Abschluß und die Niederlegung eines neuen Verpfändungsvertrages (§ 2) zweckmäßig sein.

b) Liegt eine Verfügung innerhalb der Grenzen ordnungsmäßiger Wirtschaft vor, so wird das Inventarstück dann von der Haftung frei, wenn es vom Pachtgrundstück entfernt worden ist und das Pachtkreditinstitut sein Pfandrecht nicht vor der Entfernung gerichtlich geltend gemacht hat. Ob das Freiwerden von der Haftung ein Erlöschen des Pfandrechts in jedem Falle bedeutet, ist fraglich. Die Regelung in § 1121 will sicherlich ein endgültiges Erlöschen der hypothekarischen Haftung erreichen, wenn die in dieser Bestimmung genannten Voraussetzungen gegeben sind. § 1121 bezieht sich aber lediglich auf den Fall der Veräußerung, während § 5 ganz allgemein von „Verfügungen" spricht. Es entspricht nicht der besonderen im Pachtkreditgesetz geregelten Interessenlage und dem Zweck des Gesetzes nach einem möglichst weitgehenden Schutz der Pachtkreditinstitute, wenn z. B. eine im Rahmen ordnungsmäßiger Wirtschaft durchgeführte kurzfristige Verpfändung (nach §§ 1204 ff.) einzelner Stücke Vieh (mit Übergabe an den Pfandgläubiger, d. h. Entfernung vom Pachthof) zu einem endgültigen Erlöschen des Inventarpfandrechts führen soll. Wird die Verpfändung wieder rückgängig gemacht, so muß — auch ohne Zurückbringen des Viehs auf den Hof, womit es nach § 3 erneut dem Inventarpfandrecht unterfallen würde — das Pachtkreditinstitut sein Inventarpfandrecht sofort wieder geltend machen können, z. B. im Konkurs des Faustpfandgläubigers (vgl. auch den Fall, daß eine zum Inventar gehörige Maschine zwecks Instandsetzung vom Hof entfernt wird und der die Reparatur ausführende Unternehmer daran ein Unternehmerpfandrecht nach § 647 erwirbt). Man wird also — entgegen dem Wortlaut des § 5 Abs. 2 — annehmen müssen, daß das Inventarpfandrecht nicht erlischt, sondern nur den durch die Verfügung gem. § 5 Abs. 2 erworbenen Rechten nachgeht (im Ergebnis ebenso — ohne nähere Begründung — *Michaelsen* S. 29). Hat der Erwerber durch die Verfügung Eigentum erworben, so wird die hier behandelte Frage kaum jemals praktisch werden, Bedeutung kann sie jedoch bei dem Erwerb sonstiger (beschränkt) dinglicher Rechte gewinnen.

c) Entfernen ist Wegschaffen vom Grundstück. Es muß im Zusammenhang mit der Verfügung stehen und auf dauernde Loslösung vom Grundstück gerichtet sein (RG 144, 155). Es ist unerheblich, ob die Entfernung durch den Pächter oder durch Dritte vorgenommen wird. Vgl. auch Anm. zu § 560 in Teil 4 I 2.

d) Gerichtlich geltend gemacht ist das Inventarpfandrecht immer dann, wenn der Pfandgläubiger auf Herausgabe der Sachen zum Pfandverkauf (§ 10 Abs. 3) oder auf Duldung der Zwangsvollstreckung Klage erhoben oder eine einstweilige Verfügung erwirkt hat (*Wagemann* S. 33). Ähnliches verlangt § 1121 Abs. 1 (Beschlagnahme). Es wird aber nicht zu fordern sein, daß bereits in der Klage die Absicht der Pfandverwertung zum Ausdruck kommt. Eine klare Unterscheidung zwischen der Geltendmachung der persönlichen Forderung und des dinglichen Verwertungsrechts ist insoweit (anders als im Hypothekenrecht) im Pachtkreditgesetz nicht zum Ausdruck gekommen (*Stillschweig* JW 26, 2608; *Michaelsen* S. 28). Gerichtlich geltend gemacht ist daher das Pfandrecht auch dann, wenn die persönliche Forderung eingeklagt wird (*Michaelsen* S. 29; a. A. *Rothe* S. 49; *Pick* S. 58). Wenn sich der Pächter in einer vollstreckbaren Urkunde der sofortigen Zwangsvollstreckung unterworfen hat, liegt eine gerichtliche Geltendmachung dann vor, wenn die vollstreckbare Urkunde dem Schuldner zugestellt wird (*Michaelsen* S. 29).

e) Hat das Pachtkreditinstitut sein Inventarpfandrecht vor der Entfernung gerichtlich geltend gemacht, so nutzt es dem Erwerber nichts, wenn er hinsichtlich der Geltendmachung bei der Entfernung gutgläubig war (*Kiesow* S. 28; *Rothe* S. 51; *Pick* S. 59; a. A. *Stillschweig* JW 26, 2608). Dem Erwerber von landwirtschaftlichem Inventar von Pachthöfen ist also zu raten, sich durch Anfrage beim Amtsgericht zu vergewissern, ob ein Inventarverpfändungsvertrag vorliegt. Ist das Inventar verpfändet, wird er sich zweckmäßigerweise bei dem Pfandgläubiger (Pachtkreditinstitut) erkundigen, ob dieser seine Ansprüche bereits gerichtlich geltend gemacht hat (vgl. oben Anm. 3d).

§ 6

Haftung für Kosten

Das Inventar haftet auch für die dem Gläubiger zu ersetzenden Kosten der Kündigung und der Rechtsverfolgung sowie für die Kosten der Verwertung des Pfandes.

Die Vorschrift ist dem § 1210 Abs. 2 nachgebildet (vgl. die Erläuterungen zu § 1210 im Teil 4 I 1). Die Kosten der Rechtsverfolgung sind nur insoweit zu ersetzen, als sie notwendig waren (OLG 34, 81; vgl. auch OLG Stettin in Recht 12, 595). Das Inventar haftet auch für die Kosten der Rechtsverfolgung der persönlichen Forderung, was sich aus der unterschiedlichen Fassung des § 6 im Gegensatz zu den §§ 1118, 1264 ergibt (*Pick* S. 51).

§ 7

Ausschluß des guten Glaubens bei Grundstücksbelastung und Zwangsvollstreckung

Rechte an dem Inventar, die durch eine Belastung des verpachteten Grundstücks oder im Wege der Zwangsvollstreckung erworben sind, bleiben auch dann unberührt, wenn der Gläubiger hinsichtlich solcher Rechte in gutem Glauben ist.

1. Allgemeines:

Gewisse Grenzen des Pfandrechtserwerbs am Inventar sind bereits in § 3 (vertraglicher Ausschluß einzelner Inventarstücke) und in § 4 Abs. 3

(kein Pfandrechtserwerb an abhanden gekommenen Sachen) enthalten. § 7 bestimmt für zwei weitere Fälle Einschränkungen des Inventarpfandrechts (vgl. unten Anm. 2 und 3).

Mit den „Rechten am Inventar" sind dingliche Rechte gemeint, insbesondere Hypothek, Nießbrauch, Pfändungspfandrecht. Gesetzliche oder richterliche Veräußerungsverbote fallen nicht darunter. Bei ihnen ist gutgläubiger Erwerb möglich (vgl. §§ 135, 136).

2. Rechtsgeschäftliche Belastungen:

Rechte, die durch Belastung des verpachteten Grundstücks entstanden sind und sich auf das Inventar erstrecken, gehen dem Inventarpfandrecht vor. Diese Fälle werden selten vorkommen, da sich z. B. Hypotheken am Pachtgrundstück nach § 1120 nur dann auf das Inventar erstrecken, wenn es im Eigentum des Grundeigentümers (Verpächters) steht. Immerhin können folgende Fälle vorkommen:

a) Ein Grundstückseigentümer verpachtet nach hypothekarischer Belastung sein Grundstück und verkauft und übereignet das Inventar dem Pächter (nach *Kiesow* S. 26) oder der Verpächter übereignet an das Pachtkreditinstitut sein Inventar zur Sicherung eines dem Pächter gewährten Kredites (*Ibbeken* S. 87). In diesen Fällen erwirbt der Pächter das Inventar belastet mit der Hypothek (§§ 1120, 1121 Abs. 2 S. 1) und ein später begründetes Inventarpfandrecht eines Pachtkreditinstitutes geht der Hypothek nach, wenn der Hypothekengläubiger dem Inventarpfandrecht nicht den Vorrang einräumt. Das gilt auch im Falle der Verwertung (§ 11) durch die Pachtbank (*Rothe* S. 46). Wird eine Hypothek erst nach durchgeführter Inventarverpfändung eingetragen, haftet das Inventar nicht für die Hypothek (vgl. § 1120 BGB).

Die Hypothek erstreckt sich gemäß § 1123 auf die Pachtforderung und damit auch auf das Verpächterpfandrecht (vgl. §§ 1274, 1275, 1279, 402, 401, 1255 Abs. 2; vgl. Näheres über die Rechtsfolgen bei *Pick* S. 55/56; *Rothe* S. 45; *Ponfick* JW 26, 2616).

Betreibt ein auf Grund des § 7 bevorrechtigter Hypothekengläubiger die Zwangsversteigerung, so sind seine Belange nicht gefährdet. Nach § 91 Abs. 1 ZVG erlöschen mit dem Zuschlag alle Rechte am Inventar, so daß der Ersteigerer es lastenfrei erwirbt. Erwirkt der Hypothekengläubiger eine Beschlagnahme der Pachtzinsforderung des Verpächters, so daß ihm auch die Rechte aus dem Verpächterpfandrecht zustehen, so ist er den gleichen Beschränkungen unterworfen wie der Verpächter, d. h. er kann gemäß § 11 nur die Hälfte des Verwertungserlöses verlangen (vgl. *Rothe* S. 47).

b) Der Eigentümer eines Gutes setzt seinen Sohn zum Erben ein und vermacht seiner Witwe den Nießbrauch am Gut. Nach Einräumung des Nießbrauches verpachtet die Witwe das Gut an den Erben. Dieser ist als Erbe Eigentümer des Inventars und gleichzeitig Pächter des Grundstücks. Belastet der Erbe nunmehr das Inventar mit einem Inventarpfandrecht, so geht das Recht der Nießbraucherin, das sich im Zweifel auch auf das Inventar erstreckt (vgl. §§ 1031, 2164, 926 BGB), dem Inventarpfandrecht vor, und zwar auch dann, wenn die Pachtbank das Eigentum gutgläubig für lastenfrei hielt. Der Nießbrauch erlischt auch dann nicht, wenn das Inventar im Wege des Pfandverkaufs veräußert wird (§ 10 i. V. m. § 1242 Abs. 2 S. 2; vgl. *Wagemann* S. 34; *Rothe* S. 46).

In den erwähnten Fällen der Grundstücksbelastung entstehen bei gutem Glauben nachrangige Inventarpfandrechte. Ist das Pachtkreditinstitut dagegen nicht gutgläubig, so entsteht in diesen Fällen überhaupt kein Inventarpfandrecht (*Stillschweig* JW 26, 2607).

3. Belastungen durch Zwangsvollstreckung:

Wenn Pfändungspfandrechte vor der Verpfändung an ein Pachtkreditinstitut am Inventar bestehen, gehen sie dem Inventarpfandrecht vor. Der gute Glaube an die Belastungsfreiheit hilft hier dem Kreditinstitut nichts. Veräußerungsverbote (z. B. auf Grund einer einstweiligen Verfügung) fallen dagegen nicht unter § 7 (*Kiesow* S. 25; *Michaelsen* S. 26 f.).

§ 8

Schutz des Pfandrechts (actio negatoria)

Wird das Recht des Pfandgläubigers beeinträchtigt, so finden auf seine Ansprüche die für die Ansprüche aus dem Eigentum geltenden Vorschriften entsprechende Anwendung.

1. Allgemeines:

Außer den in § 5 enthaltenen Schutzvorschriften gibt das Pachtkreditgesetz in § 8 dem Pachtkreditinstitut die Möglichkeit, seine Rechte zu wahren, ohne die Pfandstücke verwerten zu müssen. Dieser Schutz des Pfandgläubigers vor einer Beeinträchtigung seiner Rechte ist im § 8 „nur sehr dürftig geregelt" (*Wagemann* S. 34). § 8 übernimmt (fast) wörtlich den § 1227. Diese Lösung ist schon deswegen nicht als glücklich zu bezeichnen, weil § 1227, da das BGB nur das Faustpfandrecht an beweglichen Sachen kennt, immer den Besitz des Pfandgläubigers an der Pfandsache voraussetzt. Die durch die §§ 985 ff. eröffneten Möglichkeiten können von dem Pfandgläubiger, der sich im Besitze des Pfandes befindet, leicht wahrgenommen werden. Das Inventarpfandrecht wird aber ohne Besitzübertragung bestellt. Es wäre daher wohl zweckmäßiger gewesen, die Rechtsbehelfe, die den Hypothekengläubigern und dem Verpächter gemäß seinem Verpächterpfandrecht zustehen (§§ 1133—1135, 561), zugunsten des Inventarpfandgläubigers für anwendbar zu erklären (*Wagemann* S. 35). Man wird, um zu brauchbaren Ergebnissen zu kommen, diese BGB-Vorschriften erforderlichenfalls analog heranziehen können und müssen (*Michaelsen* S. 31).

Die dem besitzenden Pfandgläubiger neben den Ansprüchen aus §§ 1227, 985 ff. zustehenden Besitzschutzansprüche hat der Inventarpfandgläubiger nicht. Dagegen stehen ihm die allgemeinen Ansprüche nach §§ 812 ff. (vgl. RG 142, 205) und 823 ff. zu.

2. Beeinträchtigungen des Pfandrechts durch Dritte:

Wird das Inventarpfandrecht durch Dritte beeinträchtigt, stehen dem Pachtkreditinstitut dieselben Rechtsbehelfe zur Verfügung (§§ 985 ff.), die der Eigentümer in diesem Fall haben würde. Als „Dritter" ist auch der Verpächter anzusehen, wenn er nach Beendigung der Pacht selbst die Bewirtschaftung übernimmt (vgl. § 5 Anm. 1 und unten d). Insbesondere kommen in Betracht:

a) die Eigentumsklage nach § 985. Der Pfandgläubiger kann von dem — unrechtmäßigen — Besitzer die Herausgabe der Inventarstücke (z. B. des entlaufenen Viehs) an den Pächter verlangen. Eine Herausgabe an den Pfandgläubiger selbst ist nur gerechtfertigt, wenn der Pächter das Inventar nicht wieder übernehmen will oder kann. Die Eigentumsklage ist auch gegen einen Sequester, der sich im Besitz des Inventars befindet, zulässig, z. B. im Falle einer Zwangsverwaltung (*Michaelsen* S. 35).

b) die Eigentumsstörungsklage nach § 1004. Wenn ein Dritter in anderer Weise als durch Besitzentziehung das Pfandstück bzw. das Pfandrecht beeinträchtigt (z. B. durch unzulässige Immissionen), hat der Pfandgläubiger einen Anspruch auf Beseitigung der Beeinträchtigung und, wenn die Gefahr weiterer Störungen besteht, einen Anspruch auf Unterlassung (vgl. *Saalfrank* S. 33, *Rothe* S. 53).

c) die Klage aus früherem Besitz nach § 1007. Auch hier kann der Pfandgläubiger nur auf Herausgabe an den Pächter klagen (vgl. oben a).

d) die Klage auf Schadensersatz gemäß §§ 989—992. Ein Schadensersatzanspruch gemäß §§ 989, 990 ist z. B. dann gegeben, wenn der Verpächter nach Beendigung des Pachtverhältnisses selbst die Bewirtschaftung übernimmt und mit dem Inventarpfandrecht belastete Vorräte verbraucht (RG 142, 203 ff., vgl. § 5 Anm. 1), da der Verpächter den Schutz des § 5 nicht genießt. Auf etwaige Gegenansprüche des Verpächters auf Verwendungsersatz nach §§ 994 ff. findet § 994 Abs. 1 S. 2 Anwendung (RG 142, 205).

e) die Klage auf Herausgabe und Ersatz von Nutzungen gemäß §§ 987—991.

3. Beeinträchtigungen des Pfandrechts durch den Pächter:

Beeinträchtigt der Pächter das Inventarpfandrecht, so fallen die Herausgabeklagen nach §§ 985 und 1007 hier fort, da die Klage ohnehin nur auf Herausgabe an den Pächter gerichtet sein kann (vgl. oben Anm. 1 a und c). Der praktisch wichtigste Fall wird hier die Klage aus § 1004 sein (vgl. oben Anm. 1 b). Wenn der Pächter eine Verschlechterung des Inventars herbeiführt, kann er auf Beseitigung der Mängel verklagt werden (unstr.). Ist eine weitere Verschlechterung zu besorgen, ist die Unterlassungsklage aus § 1004 Abs. 1 S. 2 möglich. Die Abwehr- und Unterlassungsansprüche aus § 1004 hat das Pachtkreditinstitut auch, wenn der Pächter von dem Pachtgrundstück Inventarstücke fortschafft, ohne sie zu veräußern (im Falle der Veräußerung greift § 5 ein).

Er verwendet z. B. verpfändete Inventarstücke auf einem anderen, ihm gehörenden, landwirtschaftlichen Grundstück. In diesem Falle kann der Pfandgläubiger, wenn er es wegen Verschlechterung seiner Gläubigerstellung für erforderlich hält, diesen Maßnahmen widersprechen und Rückschaffung der Inventarstücke auf den Pachthof verlangen (*Rothe* S. 55; *Michaelsen* S. 32). Die entsprechende Anwendung der Rechtsgedanken des § 5, also die Abstellung darauf, ob die Fortschaffung vom Pachthof — vom Standpunkt des Pächters aus — im Rahmen ordnungsmäßiger Wirtschaft erfolgte oder nicht (so *Wagemann* S. 35, 36) ist abzulehnen, da hier allein die Vorschriften des § 1004 maßgebend sind (im Ergebnis ebenso *Rothe* S. 55; *Michaelsen* S. 32).

Folgt man der oben (Anm. 1 a. E.) vertretenen Auffassung, daß die analoge Anwendung der Vorschriften des Hypothekenrechts zulässig ist, so kann die Klage auf Beseitigung der durch den Pächter verursachten Beeinträchtigung auch auf § 1134 gestützt werden (vgl. ferner §§ 1133, 1135 und *Wagemann* S. 36).

Die Klagen aus den §§ 987—992 (vgl. oben Anm. 2 d und e) sind auch gegenüber dem Pächter gegeben.

§ 9

Vorbereitung der Pfandverwertung

Beabsichtigt der Verpächter oder das Pachtkreditinstitut, das Inventar zu verwerten, so sollen sie sich unter dem Gesichtspunkt der Aufrechterhaltung des Betriebes über die Art des Vorgehens verständigen.

1. Verständigung zwischen Verpächter und Pachtkreditinstitut:

Das Gesetz gibt in § 9 eine Empfehlung an Verpächter und Kreditinstitut, sich vor der Verwertung zu verständigen. Die Vorschrift ist ohne rechtliche Bedeutung, d. h. wenn Verständigungsversuche unterlassen werden oder scheitern, erwachsen daraus keinem der Beteiligten Rechtsnachteile (*Stillschweig* JW 26, 2609; *Isernhagen* JW 32, 2341; *Saalfrank* S. 18; *Michaelsen* S. 36; a. A. *Lippmann* S. 1034 und *Rothe* S. 57, die § 9 sogar als Schutzgesetz im Sinne des § 823 Abs. 2 ansehen wollen, was im Gesetz jedoch keine Stütze findet; nach *Pick* S. 67 macht ein Verstoß gegen § 9 schadensersatzpflichtig). Der eine Verständigung ablehnende Teil kann nicht im Wege der Klage oder gemäß dem FGG zur Einwilligung in eine Verständigung gezwungen werden. § 10 Abs. 2 erklärt zwar den § 1246 ausdrücklich für anwendbar, und Abs. 2 dieser Vorschrift sieht eine gerichtliche Entscheidung vor. § 1246 ist aber nur insoweit anwendbar, als das Gesetz selbst ihn nicht beschränkt. Eine Einschränkung dieser Bestimmung ist aber in § 11 Abs. 2 S. 2 enthalten, wonach das Kreditinstitut zu einer Verwertung, die nicht im Wege öffentlicher Versteigerung geschieht, der Einwilligung des Verpächters bedarf. Eine Ersetzung dieser Einwilligung durch gerichtliche Entscheidung ist hier aber nicht vorgesehen (*Michaelsen* S. 36).

2. Bedeutung der Verständigung:

Trotz des Rechtscharakters des § 9 als einer rechtsunverbindlichen Empfehlung ist die Vorschrift aber nicht bedeutungslos. Sie gibt einen Hinweis auf die Zweckmäßigkeit einer Verständigung, der in vielen Fällen beachtet wird, von den Pachtbanken sogar regelmäßig. In der Tat ist eine Verständigung aus mehreren Gründen empfehlenswert. Im Interesse einer gesunden Landwirtschaft und gesteigerter landwirtschaftlicher Erzeugung ist es erforderlich, daß die zur Bewirtschaftung des Grundstücks benötigten Inventarstücke auf dem Hof verbleiben und nicht zur Unzeit herausgezogen werden. Ein Herausziehen zur Unzeit liegt auch dann vor, wenn die Zahlungsunfähigkeit des Pächters gerade zu einem Zeitpunkt eintritt, in dem der Verpächter selbst in wirtschaftlicher Notlage ist (*Lippmann* JW 26, 2611). Oft wird es bei gemeinsamem Vorgehen von Verpächter und Kreditinstitut möglich sein, den Pächter gegen Zahlung einer Abstandssumme zur Aufgabe der Pachtung und Abtretung seiner Rechte an einen neuen, leistungsfähigeren Pächter zu bewegen. Zu diesem Zwecke wird es manchmal nötig und zweckmäßig sein, dem Verpächter (z. B. zwecks Abfindung des alten Pächters) einen Kredit zur Aufrechterhaltung des beliehenen Betriebes zu gewähren. Das Gesetz hat diese Möglichkeit im § 17 Abs. 4 (vgl. dort Anm. 5) ausdrücklich vorgesehen (vgl. *Wagemann* S. 36, 37). Ferner wird über die Höhe der Forderungen des Verpächters und des Kreditinstituts in vielen Fällen im Wege der Verständigung eine Einigung zu erzielen sein. Schließlich ist es vorteilhaft, wenn sich Verpächter und Bank darüber einig werden, welche Inventarstücke entbehrlich sind und daher verwertet werden sollen, und auf welche Weise (vgl. § 10) die Verwertung am besten durchgeführt werden kann. Auch im Konkurse des Pächters ist ein gemeinsames Vorgehen im Hinblick auf das Verwertungsrecht des Konkursverwalters (§ 127 KO) zweckmäßig.

§ 10

Pfandverwertung

(1) Die Befriedigung des Pfandgläubigers aus dem Inventar erfolgt durch Verkauf. Die Vorschriften des § 1228 Abs. 2 Satz 1 und der §§ 1229, 1230 des Bürgerlichen Gesetzbuchs finden entsprechende Anwendung.

(2) Der Verkauf kann nach den Vorschriften über den Pfandverkauf (§§ 1234 bis 1240 des Bürgerlichen Gesetzbuchs) oder, wenn der Pfandgläubiger für sein Recht zum Verkauf einen vollstreckbaren Titel erlangt hat, nach den für den Verkauf einer gepfändeten Sache geltenden Vorschriften erfolgen. Die Vorschriften der §§ 1241 bis 1249 des Bürgerlichen Gesetzbuchs finden entsprechende Anwendung.

(3) Soll der Verkauf im Wege des Pfandverkaufs geschehen, so kann der Pfandgläubiger nach dem Eintritt der Verkaufsberech-

tigung von dem Pächter die Herausgabe der zu verkaufenden Inventarstücke verlangen.

1. (Abs. 1) Allgemeines:

Die Befriedigung des Pfandgläubigers aus dem Inventar erfolgt durch Verkauf. Diese Vorschrift entspricht wörtlich dem § 1228 Abs. 1. Der Pfandverkauf ist nur zulässig zur Befriedigung des Gläubigers, nicht also nach (wenn auch verspäteter) Tilgung der Forderung. Wenn die Forderung bezahlt wird, so erlischt damit das Pfandrecht (§ 1252). Wenn die Sache im Besitz des Pfandgläubigers ist, was der Pfandgläubiger im Wege des § 10 Abs. 3 erreichen kann, so muß das Inventarstück gemäß § 1223 Abs. 1 nach dem Erlöschen des Pfandrechts an den Pächter zurückgegeben werden. Solange sich das Pachtkreditinstitut im Besitz der Pfandsache befindet und sich daraus befriedigen kann, kann der Pächter einer Zwangsvollstreckung in sein übriges Vermögen widersprechen (§ 777 ZPO).

2. (Abs. 1) § 1228 BGB (Befriedigung des Pfandgläubigers durch Pfandverkauf):

Die Befriedigung des Pfandgläubigers aus dem Pfande erfolgt durch Verkauf.

Der Pfandgläubiger ist zum Verkaufe berechtigt, sobald die Forderung ganz oder zum Teil fällig ist. Besteht der geschuldete Gegenstand nicht in Geld, so ist der Verkauf erst zulässig, wenn die Forderung in eine Geldforderung übergegangen ist.

a) Vgl. oben Anm. 1.

b) Es genügt, wenn die Forderung fällig ist. Verzug ist nicht erforderlich. Liegt ein vollstreckbarer Titel vor, kann der Verkauf außer nach den Vorschriften über den Pfandverkauf auch nach den Vorschriften der ZPO über den Verkauf gepfändeter Sachen erfolgen (§ 10 Abs. 2 S. 1; §§ 814, 816 ff., 825 ZPO).

c) Auch ein etwaiger nachrangiger Pfandgläubiger ist zum Verkauf berechtigt, er kann aber, wenn das Pachtkreditinstitut als vorrangiger Pfandgläubiger im Besitz der Pfandsache ist, die Herausgabe des Pfandes nicht verlangen. Über das Verhältnis zwischen Inventarpfandrecht und Verpächterpfandrecht vgl. § 11.

d) § 1228 Abs. 2 S. 2 ist beim Inventarpfandrecht nicht anwendbar, da dieses gemäß § 1 nur für eine Darlehnsforderung, die gemäß § 2 Abs. 1 S. 3 eine Geldforderung sein muß, bestellt werden kann.

3. (Abs. 1) § 1229 BGB (Verbot der Verfallklausel):

Ein vor dem Eintritte der Verkaufsberechtigung getroffene Vereinbarung, nach welcher dem Pfandgläubiger, falls er nicht oder nicht rechtzeitig befriedigt wird, das Eigentum an der Sache zufallen oder übertragen werden soll, ist nichtig.

§ 1229 enthält das Verbot der Verfallklausel vor Eintritt der Verkaufsberechtigung (sog. lex commissoria). Eine nach Eintritt der Verkaufsberechtigung getroffene Verfallsvereinbarung ist (schuldrechtlich) wirksam (vgl. § 1149). § 1229 ist zwingenden Rechts und von Amts wegen zu beachten (*Palandt* § 1229 Anm. 1).

4. (Abs. 1) § 1230 BGB (Auswahl der Pfandstücke):

Unter mehreren Pfändern kann der Pfandgläubiger, soweit nicht ein anderes bestimmt ist, diejenigen auswählen, welche verkauft werden sollen. Er kann nur soviele Pfänder zum Verkaufe bringen, als zu seiner Befriedigung erforderlich sind.

a) Das Auswahlrecht entspricht § 1222, wonach jedes Pfand für die ganze Forderung haftet. Die Anwendung dieser Vorschrift wird durch § 11 erschwert, vgl. die Anmerkungen dort. Bei der Auswahl wird aber der Pfandgläubiger (über das Schikaneverbot des § 226 hinaus) die Grundsätze von Treu und Glauben beachten müssen und „nicht etwa für eine geringe Zinsforderung einen hochwertigen Dreschsatz zum Verkauf bringen dürfen, wenn er durch Verkauf eines kleineren Inventarstücks ebenso sicher zu seinem Recht gelangen kann" (*Wagemann* S. 67).

b) Ein übermäßiger Verkauf ist unzulässig (§ 1230 S. 2). Da diese Beschränkung dinglicher Natur ist, ist ein übermäßiger Verkauf (vorbehaltlich des Schutzes guten Glaubens, § 1244) unrechtmäßig mit den Rechtsfolgen der §§ 1242 bis 1244 (RG 145, 212; vgl. unten Anm. 17—19).

c) § 1230 ist nicht zwingend, abweichende Vereinbarungen sind zulässig (*Palandt* § 1230 Anm. 2). Vgl. auch §§ 803 und 818 ZPO.

5. (Abs. 2) Arten des Pfandverkaufs:

§ 10 Abs. 2 sieht für den zwecks Befriedigung des Pfandgläubigers in Abs. 1 vorgesehenen Verkauf der Pfandsachen zwei Arten vor. Der Verkauf kann erfolgen

a) nach den BGB-Vorschriften über den Pfandverkauf (§§ 1234 bis 1240; vgl. § 1233 Abs. 1), Näheres unten Anm. 6 ff.;

b) nach den Vorschriften der Zivilprozeßordnung (§§ 814, 816 ff., 825 ZPO), aber nur dann, wenn der Pfandgläubiger für sein Recht zum Verkauf einen vollstreckbaren Titel hat (vgl. § 1233 Abs. 2). Näheres unten Anm. 14.

6. (Abs. 2) Verwertung durch Pfandverkauf:

Die Verwertung der Pfandstücke erfolgt in aller Regel nach den Vorschriften über den Pfandverkauf des BGB (§§ 1234 bis 1240). Die Verwertung nach der ZPO ist selten (vgl. unten Anm. 14). Voraussetzung der Verwertung gemäß §§ 1234 bis 1240 ist der Besitz der Pfandstücke. Daher kann der Pfandgläubiger Herausgabe der Inventarstücke zum Zwecke der gemeinsamen Verwertung für sich und den Verpächter (vgl. § 11) verlangen (§ 10 Abs. 3).

7. (Abs. 2) § 1234 BGB (Verkaufsandrohung):

Der Pfandgläubiger hat dem Eigentümer den Verkauf vorher anzudrohen und dabei den Geldbetrag zu bezeichnen, wegen dessen der Ver-

kauf stattfinden soll. Die Androhung kann erst nach dem Eintritte der Verkaufsberechtigung erfolgen; sie darf unterbleiben, wenn sie untunlich ist.

Der Verkauf darf nicht vor dem Ablauf eines Monats nach der Androhung erfolgen. Ist die Androhung untunlich, so wird der Monat von dem Eintritte der Verkaufsberechtigung an berechnet.

Der Eigentümer des Pfandes und der Verpfänder werden regelmäßig dieselbe Person sein. Ist das ausnahmsweise nicht der Fall (vgl. auch die Fiktion in § 1248), so muß die Androhung gegenüber dem Eigentümer erfolgen, was erst nach dem Eintritt der Verkaufsberechtigung (Fälligkeit der Forderung ganz oder teilweise, § 1228 Abs. 2 S. 1) geschehen kann. Wann eine Androhung untunlich ist, entscheidet sich nach dem Einzelfall, z. B. wenn der Aufenthaltsort des Eigentümers nicht zu ermitteln ist (*Staudinger*, § 1234 Anm. 1). § 1234 ist abdingbar (§ 1245 Abs. 1) und wird in der Praxis meist abgedungen (vgl. § 13 des Mustervertrages im Anhang 3), auf die Androhung und die Wartefrist (§ 1234 Abs. 2) kann der Eigentümer schon vor Eintritt der Verkaufsberechtigung (§ 1228 Abs. 2 S. 1) verzichten. Ein Verstoß gegen § 1234 macht den Verkauf nicht unrechtmäßig, u. U. können aber Schadensersatzansprüche entstehen (§ 1243 Abs. 2; RG 145, 211). Sind Kreditinstitut und Pächter Kaufleute (§ 1 Anm. 2), so kommt auch die kürzere Wartezeit des § 368 HGB in Betracht (vgl. *Pick* S. 68).

8. (Abs. 2) § 1235 BGB (Versteigerung, freihändiger Verkauf):

Der Verkauf des Pfandes ist im Wege öffentlicher Versteigerung zu bewirken.

Hat das Pfand einen Börsen- oder Marktpreis, so findet die Vorschrift des § 1221 Anwendung.

a) „Die Versteigerung hat durch einen für den Versteigerungsort bestellten Gerichtsvollzieher oder zur Versteigerung befugten anderen Beamten oder öffentlich angestellten Versteigerer öffentlich zu erfolgen (öffentliche Versteigerung). Zeit und Ort der Versteigerung sind unter allgemeiner Bezeichnung der Sache öffentlich bekanntzumachen“ (§ 383 Abs. 3). Bei der Versteigerung kommt der Vertrag durch den Zuschlag zustande. Ein Gebot erlischt, wenn ein Übergebot abgegeben oder die Versteigerung ohne Erteilung des Zuschlags geschlossen wird (§ 156). Die bei der Versteigerung mitwirkenden Personen dürfen keine Gebote abgeben (§§ 457, 456), auch nicht für einen anderen.

b) Bei Verstoß gegen § 1235 ist der Pfandverkauf unrechtmäßig, was gemäß §§ 1243, 1244 zur Folge hat, daß der Erwerber nicht Eigentümer wird, wenn nicht wenigstens § 1240 Abs. 2 (betrifft Gold- und Silbersachen, wird daher beim Inventarpfandrecht kaum jemals praktisch werden) beachtet ist und der Erwerber gutgläubig war. U. U. entstehen bei Nichtbeachtung von § 1235 Schadensersatzpflichten (vgl. RG JW 30, 134). Ein Verzicht auf die Beachtung des § 1235 ist erst nach Eintritt der Verkaufsberechtigung zulässig (§ 1245 Abs. 2).

c) Hat das Pfandstück einen Börsen- oder Marktpreis (was häufig bei Vieh der Fall sein wird), so findet § 1221 Anwendung, wonach der Pfandgläubiger den Verkauf aus freier Hand durch einen zu solchen Verkäufen öffentlich ermächtigten Handelsmakler oder durch eine zur öffentlichen Versteigerung befugte Person zum laufenden Preise bewirken lassen kann. Der Eigentümer ist als Käufer zuzulassen (*Palandt* § 1239 Anm. 1).

9. (Abs. 2) § 1236 BGB (Ort der Versteigerung):

Die Versteigerung hat an dem Orte zu erfolgen, an dem das Pfand aufbewahrt wird. Ist von einer Versteigerung an dem Aufbewahrungsort ein angemessener Erfolg nicht zu erwarten, so ist das Pfand an einem geeigneten anderen Orte zu versteigern.

Die Versteigerung wird meist auf dem Pachtgrundstück erfolgen, zuweilen jedoch auch an einem anderen Ort, wenn vorher die Herausgabe der Pfandstücke gemäß § 10 Abs. 3 an das Pachtkreditinstitut stattgefunden und dieses die Pfandstücke vom Pachtgrundstück entfernt hat. § 1236 entspricht § 383 Abs. 2 BGB und § 816 Abs. 2 ZPO. Die Vorschrift ist abdingbar und wird in der Praxis meist abgedungen, vgl. § 13 des Mustervertrages im Anhang 3. Ob ein angemessener Erfolg zu erwarten ist und welcher andere Ort gegebenenfalls geeignet ist, entscheidet der Gläubiger nach Treu und Glauben, im Streitfalle das Gericht (§ 1246; *Palandt* § 1236 Anm. 1). Bei Verstoß gegen § 1236 ist der Verkauf gültig (§ 1243), es entstehen jedoch u. U. Schadensersatzpflichten.

10. § 1237 BGB (Öffentliche Bekanntmachung):

Zeit und Ort der Versteigerung sind unter allgemeiner Bezeichnung des Pfandes öffentlich bekanntzumachen. Der Eigentümer und Dritte, denen Rechte an dem Pfande zustehen, sind besonders zu benachrichtigen; die Benachrichtigung darf unterbleiben, wenn sie untunlich ist.

a) Die Bekanntmachung hat unter Berücksichtigung von Treu und Glauben und der örtlichen Verkehrssitte bzw. nach den für die Versteigerer geltenden Vorschriften zu erfolgen. Die Vorschrift des Satzes 1 entspricht dem § 383 Abs. 3 S. 2 und dem § 816 Abs. 3 ZPO. Ein Verstoß gegen § 1237 S. 1 macht den Pfandverkauf unrechtmäßig (§ 1243 Abs. 1), ein Verzicht vor Eintritt der Verkaufsberechtigung (§ 1228 Abs. 2 S. 1) ist nicht möglich (§ 1245 Abs. 2).

b) Auf die Benachrichtigung (S. 2) können der Eigentümer und Dritte, denen Rechte am Pfand zustehen, schon vor Eintritt der Verkaufsberechtigung (§ 1228 Abs. 2 S. 1) verzichten. Ein Verstoß gegen § 1237 S. 2 macht den Pfandverkauf nicht unrechtmäßig, erzeugt aber u. U. Schadensersatzpflichten (§ 1243 Abs. 2).

Über Untunlichkeit vgl. oben Erläuterung zu § 1234. § 1237 S. 2 wird in der Praxis meist abgedungen, vgl. § 13 des Mustervertrages im Anhang 3.

11. (Abs. 2) § 1238 BGB (Versteigerungsbedingungen):

Das Pfand darf nur mit der Bestimmung verkauft werden, daß der Käufer den Kaufpreis sofort bar zu entrichten hat und seiner Rechte verlustig sein soll, wenn dies nicht geschieht.

Erfolgt der Verkauf ohne diese Bestimmung, so ist der Kaufpreis als von dem Pfandgläubiger empfangen anzusehen; die Rechte des Pfandgläubigers gegen den Ersteher bleiben unberührt. Unterbleibt die sofortige Entrichtung des Kaufpreises, so gilt das gleiche, wenn nicht vor dem Schlusse des Versteigerungstermins von dem Vorbehalte der Rechtsverwirkung Gebrauch gemacht wird.

a) Die Barzahlungsbedingung muß ausdrücklich in den Versteigerungs-Kaufvertrag aufgenommen werden. Von § 1238 abweichende Vereinbarungen sind zulässig, s. § 1245 Abs. 1. Wird § 1238 Abs. 1 nicht beachtet, so tritt weder Ungültigkeit des Pfandverkaufs noch eine Schadensersatzpflicht ein, sondern der Kaufpreis gilt — im Verhältnis Pfandgläubiger zum Eigentümer — als vom Pfandgläubiger empfangen (§ 1238 Abs. 2). Dieser haftet den übrigen Beteiligten für den etwaigen Rest (§ 1247).

b) Entrichtet der Käufer den Kaufpreis nicht sofort, so hat der Pfandgläubiger ein Rücktrittsrecht vom Verkauf (Vorbehalt der Rechtsverwirkung, §§ 1238 Abs. 2, 360), das er vor Schluß der Versteigerung erklären muß (§ 349; *Staudinger* § 1238 Anm. 2). Versäumt der Pfandgläubiger diese Erklärung, so gilt der Kaufpreis — im Verhältnis Pfandgläubiger zum Eigentümer — als vom Pfandgläubiger empfangen, während seine Rechte gegen den Ersteher (auf Zahlung des Kaufpreises) unberührt bleiben (Näheres bei *Palandt* § 1238 Anm. 4).

§ 1238 wird in der Praxis meist abgedungen, vgl. § 13 des Mustervertrages im Anhang 3.

12. (Abs. 2) § 1239 BGB (Mitbietungsrecht):

Der Pfandgläubiger und der Eigentümer können bei der Versteigerung mitbieten. Erhält der Pfandgläubiger den Zuschlag, so ist der Kaufpreis als von ihm empfangen anzusehen.

Das Gebot des Eigentümers darf zurückgewiesen werden, wenn nicht der Betrag bar erlegt wird. Das gleiche gilt von dem Gebote des Schuldners, wenn das Pfand für eine fremde Schuld haftet.

a) Mitbieten können der Pfandgläubiger und der Eigentümer, nicht aber die bei der Versteigerung mitwirkenden Personen (§§ 457, 456), die auch nicht für einen anderen mitbieten dürfen (vgl. oben Anm. 8 a). Gibt der Pfandgläubiger das Meistgebot ab, so erhält er die Stellung des Erstehers (vgl. auch § 1242 Abs. 1). Er ist aber zur Barzahlung nicht verpflichtet, es tritt vielmehr die gleiche Rechtsfolge wie bei § 1238 Abs. 2 S. 1 (vgl. oben die Erläuterungen dort) ein. § 1247 ist entsprechend anwendbar (*Palandt* § 1239 Anm. 1).

b) Eine Zurückweisung des Gebotes ist nur beim Eigentümer und beim persönlichen Schuldner möglich. Der Fall, daß Eigentümer und persönlicher Schuldner nicht personengleich sind, wird selten vorkommen, da der Pächter das Inventarpfandrecht nur für seine eigene Darlehnsschuld bestellen kann (§ 1). Möglich ist es immerhin, etwa wenn das Inventar unter Fortbestand des Inventarpfandrechts (§ 5 Abs. 1) veräußert wurde (vgl. *Wagemann* S. 61). Vgl. auch § 816 Abs. 4 ZPO.

13. (Abs. 2) § 1240 BGB (Gold- und Silbersachen):

Gold- und Silbersachen dürfen nicht unter dem Gold- oder Silberwerte zugeschlagen werden.

Wird ein genügendes Gebot nicht abgegeben, so kann der Verkauf durch eine zur öffentlichen Versteigerung befugte Person aus freier Hand zu einem den Gold- oder Silberwert erreichenden Preise erfolgen.

§ 1240 ist hier praktisch von geringer Bedeutung, da wohl kaum Gold- oder Silbersachen zum landwirtschaftlichen Pachtinventar gehören werden.

Ein Verstoß gegen § 1240 macht den Verkauf unrechtmäßig (§ 1243 Abs. 1), jedoch ist gutgläubiger Erwerb möglich, wenn das Pfand unter Wert zugeschlagen wird; dagegen besteht kein Schutz des gutgläubigen Erwerbers bei freihändigem Verkauf unter Wert (§ 1244). Vor Eintritt der Verkaufsberechtigung (§ 1228 Abs. 2 S. 1) ist ein Verzicht auf § 1240 nicht möglich (§ 1245 Abs. 2; *Palandt* § 1240 Anm. 2).

14. (Abs. 2) Pfandverwertung nach ZPO:

Erfolgt der Verkauf der Pfänder ausnahmsweise nach den Vorschriften der Zivilprozeßordnung (§§ 814, 816 ff., 825 ZPO; vgl. oben Anm. 5), so muß der vollstreckbare Titel gegen den Eigentümer auf Duldung der Zwangsvollstreckung lauten und die Pfänder anführen. Ein Titel auf Zahlung der persönlichen Schuld genügt nicht. Mit einem Zahlungstitel ist zwar die Vollstreckung in das Pfand möglich, aber nur im Wege der Pfändung (vgl. *Palandt* § 1233 Anm. 2). § 10 Abs. 2 gibt — ebenso wie § 1233 Abs. 2 — ein Klagerecht auf Befriedigung aus dem Pfand. Wenn der Gläubiger einen Titel auf Duldung der Zwangsvollstreckung hat, kann er auch gemäß §§ 1234 bis 1240 den Pfandverkauf betreiben (*Palandt* § 1233 Anm. 2). Der Fall, daß die Erlangung eines Titels nach § 10 Abs. 2 betrieben und anschließend nach den Vorschriften der ZPO vollstreckt wird, wird selten sein. In aller Regel wird die Pfandverwertung nach den §§ 1234 bis 1240 durchgeführt werden (vgl. oben Anm. 6 ff.).

15. (Abs. 2) Anwendbare Vorschriften:

Auf den Pfandverkauf gemäß Anm. 6 bis 14 finden die §§ 1241 bis 1249 entsprechende Anwendung. Durch die rechtmäßige Veräußerung des Pfandes erlangt der Erwerber die gleichen Rechte, als wenn er das Pfand vom Eigentümer erworben hätte (vgl. § 1242).

16. (Abs. 2) § 1241 BGB (Benachrichtigung des Eigentümers):

Der Pfandgläubiger hat den Eigentümer von dem Verkaufe des Pfandes und dem Ergebnis unverzüglich zu benachrichtigen, sofern nicht die Benachrichtigung untunlich ist.

Die Benachrichtigung von dem erfolgten Pfandverkauf hat formlos an den Eigentümer (nicht an den möglicherweise vorhandenen persönlichen Schuldner, vgl. oben Anm. 12 b) unverzüglich (d. h. ohne schuldhaftes Zögern, § 121 Abs. 1) zu erfolgen (vgl. § 384 Abs. 2 und 3). Die Benachrichtigung ist nicht erforderlich, wenn sie untunlich (vgl. oben Anm. 7) oder der Eigentümer selbst der Ersteher ist. § 1241 gilt auch bei freihändigem und vorzeitigem Verkauf (§§ 1219—1221), ebenso bei Verkauf nach § 1233 Abs. 2 (Pfandverkauf nach ZPO, vgl. Anm. 14 und *Palandt* § 1241 Anm. 1). Ein Verstoß gegen die Benachrichtigungspflicht macht den Pfandverkauf nicht unwirksam, es können aber Schadensersatzpflichten entstehen (§ 1243 Abs. 2). Ein Verzicht auf § 1241 ist vor Eintritt der Verkaufsberechtigung möglich (*Palandt* § 1241 Anm. 2). § 1241 wird in der Praxis meist abgedungen, vgl. § 13 des Mustervertrages im Anhang 3.

17. (Abs. 2) § 1242 BGB (Wirkung rechtmäßiger Pfandveräußerung):

Durch die rechtmäßige Veräußerung des Pfandes erlangt der Erwerber die gleichen Rechte, wie wenn er die Sache von dem Eigentümer erworben hätte. Dies gilt auch dann, wenn dem Pfandgläubiger der Zuschlag erteilt wird.

Pfandrechte an der Sache erlöschen, auch wenn sie dem Erwerber bekannt waren. Das gleiche gilt von einem Nießbrauch, es sei denn, daß er allen Pfandrechten im Range vorgeht.

Die Voraussetzungen der Rechtmäßigkeit der Veräußerung sind:

a) Der Veräußerer muß der Pfandgläubiger und zur Veräußerung befugt sein (*Palandt* § 1242 Anm. 1; RG 100, 277),

b) es darf bei der Veräußerung nicht gegen die Vorschriften der §§ 1228 Abs. 2, 1230 S. 2, 1235, 1237 S. 1, 1240 verstoßen worden sein (§ 1243 Abs. 1), sofern nicht wirksame anderweitige Vereinbarungen gemäß § 1245 vorlagen.

§ 1242 behandelt nur die sachenrechtliche Seite des Pfanderwerbs. Die schuldrechtlichen Beziehungen zwischen Veräußerer (Pfandgläubiger) und dem Ersteher regeln die §§ 433 ff., insbesondere § 461. Als Wirkung der rechtmäßigen Pfandveräußerung erwirbt der Ersteher Eigentum, das Eigentum des bisherigen Eigentümers erlischt. Das gilt (nach Abs. 2) auch für Rechte Dritter an der Pfandsache, selbst wenn sie der Erwerber kannte. Nur der Nießbrauch erlischt nicht, wenn er allen Pfandrechten vorgeht (vgl. § 7 Anm. 2). Bei Gutgläubigkeit erlischt auch der erstrangige Nießbrauch (§ 936; *Palandt* § 1242 Anm. 2). Über die Möglichkeit des nachträglichen Erwerbs eines rangbesseren Pfandrechts kraft guten Glaubens vgl. § 4 Anm. 2 und § 1208.

An die Stelle des erloschenen Pfandrechts oder Nießbrauchs tritt der Erlös (§ 1247). Nur das Pfandrecht des betreibenden Pfandgläubigers erlischt ersatzlos, dafür erwirbt er — soweit es ihm gebührt — Eigentum am Erlös (Näheres bei *Palandt* § 1242 Anm. 2).

18. (Abs. 2) § 1243 BGB (Unrechtmäßige Pfandveräußerung):

Die Veräußerung des Pfandes ist nicht rechtmäßig, wenn gegen die Vorschriften des § 1228 Abs. 2, des § 1230 Satz 2, des § 1235, des § 1237 Satz 1 oder des § 1240 verstoßen wird.

Verletzt der Pfandgläubiger eine andere für den Verkauf geltende Vorschrift, so ist er zum Schadensersatze verpflichtet, wenn ihm ein Verschulden zur Last fällt.

Wenn gegen die Bestimmungen über die Pfandreife (§ 1228 Abs. 2), den Verkauf im Rahmen des Befriedigungsbedürfnisses (§ 1230 S. 2), öffentliche Versteigerung (§ 1235), Bekanntmachung (§ 1237 S. 1), Gold- und Silberwert (§ 1240) verstoßen wird, ist der Pfandverkauf nicht rechtmäßig (vgl. auch § 1245). Dann treten die Wirkungen des § 1242 nicht ein. Der Ersteher erwirbt also nicht das Eigentum an der Pfandsache, die dinglichen Rechte daran bleiben bestehen. Gutgläubiger Erwerb ist allerdings möglich (§ 1244). Näheres bei *Palandt* § 1243 Anm. 2.

Ist die Pfandveräußerung zwar rechtmäßig, verletzt der Pfandgläubiger aber eine andere als die in Abs. 1 genannten Vorschriften, z. B. §§ 1234 und 1241, so macht er sich schadensersatzpflichtig, wenn ihn ein Verschulden trifft (§ 1243 Abs. 2).

19. (Abs. 2) § 1244 BGB (Gutgläubiger Erwerb):

Wird eine Sache als Pfand veräußert, ohne daß dem Veräußerer ein Pfandrecht zusteht oder den Erfordernissen genügt wird, von denen die Rechtmäßigkeit der Veräußerung abhängt, so finden die Vorschriften der §§ 932 bis 934, 936 entsprechende Anwendung, wenn die Veräußerung nach § 1233 Abs. 2 erfolgt ist oder die Vorschriften des § 1235 oder des § 1240 Abs. 2 beobachtet worden sind.

Wenn der Veräußerer einer Pfandsache kein Pfandrecht daran hatte oder die Pfandveräußerung nicht regelmäßig (vgl. § 1243) war, so besteht für den gutgläubigen Erwerber ein Schutz nach § 1244, wenn

a) die Sache als Pfand veräußert wurde (bei einer Veräußerung als Eigensache: §§ 932 ff.) und

b) die Veräußerung nach den für den Verkauf einer gepfändeten Sache geltenden Vorschriften der ZPO (§ 1233 Abs. 2) oder durch öffentliche Versteigerung (§ 1235 Abs. 1) oder nach Börsen- oder Marktpreis durch öffentlichen Handelsmakler oder Versteigerer (§§ 1235 Abs. 2, 1221) oder zum Gold- oder Silberwert durch öffentlichen Versteigerer (§ 1240 Abs. 2) erfolgte. Die Vorschrift gilt auch bei vorzeitigem Pfandverkauf gemäß §§ 1219 bis 1221. Wenn die Eigentümer und Pfandgläubiger gemäß § 1245 abweichende Vereinbarungen (z. B. freihändigen Verkauf) getroffen haben oder eine richterliche Anordnung gemäß § 1246 vorliegt, findet § 1244 keine Anwendung (RG 100, 276; *Palandt* § 1244 Anm. 1).

Liegen die Voraussetzungen von § 1244 vor, so erlangt der gutgläubige Erwerber lastenfreies Eigentum im Sinne von § 1242 Abs. 1 (*Palandt* § 1244 Anm. 2). Da § 935 nicht anwendbar ist, ist auch gutgläubiger Erwerb an gestohlenen und sonst abhanden gekommenen Sachen bei Pfandveräußerung möglich.

20. (Abs. 2) § 1245 BGB (Vereinbarungen über den Pfandverkauf):

Der Eigentümer und der Pfandgläubiger können eine von den Vorschriften der §§ 1234 bis 1240 abweichende Art des Pfandverkaufs vereinbaren. Steht einem Dritten an dem Pfande ein Recht zu, das durch die Veräußerung erlischt, so ist die Zustimmung des Dritten erforderlich. Die Zustimmung ist demjenigen gegenüber zu erklären, zu dessen Gunsten sie erfolgt; sie ist unwiderruflich.

Auf die Beobachtung der Vorschriften des § 1235, des § 1237 Satz 1 und des § 1240 kann nicht vor dem Eintritte der Verkaufsberechtigung verzichtet werden.

a) Vereinbarungen über eine von den §§ 1234 bis 1240 abweichende Art des Pfandverkaufs sind zulässig. Werden solche Abreden getroffen (z. B. die Vereinbarung des freihändigen Verkaufs im Gegensatz zur öffentlichen Versteigerung oder die Erreichung eines Mindestpreises), so haben sie dingliche Wirkung, bleiben also auch im Konkurs des Eigentümers bestehen (vgl. RG *Gruchot* 48, 409). Eine zeitliche Begrenzung setzt Abs. 2.

b) Zu Vereinbarungen im Sinne des § 1245 Abs. 1 S. 1 ist die Zustimmung Dritter, deren Rechte gemäß § 1242 Abs. 2 erlöschen (z. B. Pfandrecht oder Nießbrauch), erforderlich. Die Zustimmung ist gegenüber dem Begünstigten zu erklären, bei Erschwerungen des Pfandverkaufs also gegenüber dem Eigentümer, sonst gegenüber dem Pfandgläubiger. Die Zustimmung (vgl. § 183) ist unwiderruflich. Vgl. auch § 11 Abs. 1 S. 2 und Abs. 2. Ein vor dem Eintritt der Verkaufsberechtigung (§ 1228 Abs. 2 S. 1) erklärter Verzicht auf die Beachtung der §§ 1235, 1237 S. 1 und 1240 ist wirkungslos. Eine Nichtbeachtung der genannten Vorschriften macht den Verkauf unrechtmäßig (§ 1243) und gibt u. U. dem Eigentümer Schadensersatzansprüche (§ 1243 Abs. 2). Über gutgläubigen Erwerb vgl. oben Erläuterungen zu § 1244 und *Palandt* § 1245 Anm. 4.

Beim Inventarpfandrecht ist in jedem Falle die Zustimmung des Verpächters und des Pachtkreditinstituts erforderlich, wenn die Pfandstücke nicht öffentlich versteigert werden (§ 11 Abs. 1 S. 2 und Abs. 2, § 12).

21. (Abs. 2) § 1246 BGB (Abweichung aus Billigkeitsgründen):

Entspricht eine von den Vorschriften der §§ 1235 bis 1240 abweichende Art des Pfandverkaufs nach billigem Ermessen den Interessen der Beteiligten, so kann jeder von ihnen verlangen, daß der Verkauf in dieser Art erfolgt.

Kommt eine Einigung nicht zustande, so entscheidet das Gericht.

a) Eine Abweichung von den Vorschriften der §§ 1235 bis 1240 (nicht auch des § 1234) kann verlangt werden, wenn dieses nach billigem Ermessen den Interessen der Beteiligten entspricht. Beteiligte sind der Eigentümer, das Pachtkreditinstitut als Pfandgläubiger und sonstige Dritte, deren Rechte durch Veräußerung erlöschen würden. Eine den Interessen der Beteiligten entsprechende Abweichung der Pfandverwertung liegt z. B. vor, „wenn durch Ausschreibung des Inventars in der landwirtschaftlichen Fachpresse oder durch freihändigen Verkauf an den Pachtnachfolger offensichtlich ein besserer Erlös zu erwarten ist als durch öffentliche Versteigerung" (*Wagemann* S. 75).

Bisweilen ist in den Verpfändungsverträgen folgendes vereinbart: wenn die Pachtbank nach Eintritt der Verkaufsberechtigung dem Pächter die Möglichkeit nachweist, zu einem angemessenen Abstandspreis die Pachtung abzutreten, soll die Abtretung als eine Art des Pfandverkaufs im Sinne des § 1246 Abs. 1 gelten (*Saalfrank* S. 16).

b) Kommt eine Einigung über eine abweichende Art des Pfandverkaufs gemäß § 1246 Abs. 1 nicht zustande, entscheidet das Gericht. Zuständig für die Entscheidung, die im Verfahren der freiwilligen Gerichtsbarkeit erfolgt, ist das Amtsgericht des Ortes, an dem das Pfand aufbewahrt wird (§ 166 FGG). Eine Vereinbarung über die Zuständigkeit ist ausgeschlossen (*Keidel* § 166 Anm. 2). Vor der Entscheidung sind die Beteiligten, soweit tunlich, zu hören. Entschieden wird vom Gericht lediglich über die Art und Weise des Pfandverkaufs, nicht aber über Streitpunkte, von denen das Recht zum Pfandverkauf abhängt (*Keidel* § 166 Anm. 2; *Wagemann* S. 75).

22. (Abs. 2) § 1247 BGB (Erlös aus dem Pfande):

Soweit der Erlös aus dem Pfande dem Pfandgläubiger zu seiner Befriedigung gebührt, gilt die Forderung als von dem Eigentümer berichtigt. Im übrigen tritt der Erlös an die Stelle des Pfandes.

Inwieweit der Erlös aus dem Pfandstück dem Pfandgläubiger gebührt, ergibt sich aus § 1210. Soweit also der Erlös die Forderung übersteigt und soweit vorgehende Rechte vorhanden sind, gebührt er dem Pfandgläubiger nicht. Nach der Sondervorschrift des § 11 hat das Pachtkreditinstitut dem Verpächter auf sein Verlangen die Hälfte des Erlöses zur Befriedigung oder Sicherstellung von dessen Ansprüchen herauszugeben (vgl. § 11 Anm. 6). Ist der Pfandgläubiger selbst Ersteher (§ 1239 Abs. 1 S. 2) oder verstößt er gegen § 1238, so ist der Kaufpreis als von ihm empfangen anzusehen. Vgl. auch oben die Erläuterungen zu § 1242. War der Eigentümer nicht der persönliche Schuldner (vgl. oben Anm. 12 b), so kann er von diesem Ersatz verlangen. Rechte Dritter setzen sich am Erlös fort (§ 1247 S. 2). Näheres bei *Palandt* § 1247.

23. (Abs. 2) § 1248 BGB (Eigentumsvermutung):

Bei dem Verkaufe des Pfandes gilt zugunsten des Pfandgläubigers der Verpfänder als der Eigentümer, es sei denn, daß der Pfandgläubiger weiß, daß der Verpfänder nicht der Eigentümer ist.

Zugunsten des gutgläubigen Pfandgläubigers (nicht zugunsten des Verpfänders) stellt das Gesetz die Fiktion auf, daß beim Verkauf des Pfandes der Verpfänder als der Eigentümer gilt. Der Pfandgläubiger soll beim Pfandverkauf nicht erst die Eigentumsverhältnisse nachprüfen müssen. Nur wenn der Pfandgläubiger das Nichteigentum des Verpfänders kennt, wird er durch § 1248 nicht geschützt.

24. (Abs. 2) § 1249 BGB (Ablösungsrecht):

Wer durch die Veräußerung des Pfandes ein Recht an dem Pfande verlieren würde, kann den Pfandgläubiger befriedigen, sobald der Schuldner zur Leistung berechtigt ist. Die Vorschriften des § 268 Abs. 2, 3 finden entsprechende Anwendung.

a) Die Vorschrift entspricht den §§ 268 und 1142. Jeder, dem der Rechtsverlust eines dinglichen Rechtes droht (z. B. Eigentum, Pfandrecht, im Rang gleichstehender Nießbrauch — vgl. § 1242 Abs. 2 —) ist zur Ablösung berechtigt, sobald der Schuldner (Pächter) zur Leistung berechtigt ist. Die Anwendbarkeit dieser Vorschrift könnte wegen § 13 zweifelhaft sein, angesichts der ausdrücklichen Erwähnung des § 1249 in § 10 wird man jedoch die Anwendbarkeit bejahen müssen (*Pick* S. 54). Das Ablösungsrecht kann auch gegen den Willen des Pfandgläubigers und des Schuldners ausgeübt werden (*Palandt* § 1249 Anm. 1). Weist der Gläubiger (Pachtkreditinstitut) die Befriedigung zurück, so gerät er in Annahmeverzug (§§ 293 ff.). Wenn der ablösungsberechtigte Dritte nur an einzelnen zum Inventar gehörenden Gegenständen ein dingliches Recht hat, so kann er, da jedes Inventarstück gemäß § 1222 für die ganze Forderung haftet, nur durch Tilgung der ganzen Forderung den Pfandverkauf abwenden (*Wagemann* S. 64 u. 77; vgl. RG 83, 390). Praktische Bedeutung hat beim Inventarpfandrecht vor allem der Fall, daß der Verpächter das Pachtkreditinstitut wegen der Darlehnsforderung und das Pachtkreditinstitut den Verpächter wegen seiner Pachtzinsansprüche befriedigt (vgl. § 11 Anm. 5 b).

b) Die Rechtsfolge der Ablösung ist der Übergang der Forderung samt dem Pfandrecht auf den Ablösenden (§§ 268 Abs. 3, 412, 401, 1250). Der Ablösende erwirbt dadurch einen Anspruch auf Pfandherausgabe. Der Rechtsübergang kann nicht zum Nachteile des Pfandgläubigers geltend gemacht werden (§ 268 Abs. 3 S. 2; vgl. auch § 1225).

25. (Abs. 3) Herausgabe der Pfandstücke:

Wenn die Pfandverwertung — wie es in aller Regel geschieht — im Wege des Pfandverkaufs (vgl. oben Anm. 6—13) durchgeführt werden soll, so kann der Pfandgläubiger zu diesem Zwecke nach Eintritt der Verkaufsberechtigung (§ 1228 Abs. 2 S. 1) die Herausgabe der zu verkaufenden Inventarstücke an sich selbst verlangen. Die Herausgabe kann erforderlichenfalls durch Klage und Vollstreckung nach § 883 ZPO erzwungen werden, auch gegen einen im Besitz der Inventarstücke befindlichen Dritten (§ 8 i. V. m. §§ 985 ff., § 10 Abs. 3). Vgl. §§ 1231, 1232; ferner § 14 Anm. 3 und § 1254.

§ 11

Beteiligung des Pachtkreditinstituts und des Pächters am Erlös

(1) Der Verpächter kann der Verwertung des Inventars nach Maßgabe des § 10 nicht widersprechen. Zu einer Verwertung, die nicht im Wege öffentlicher Versteigerung geschieht, bedarf das Pachtkreditinstitut der Einwilligung des Verpächters. Das Pachtkreditinstitut hat dem Verpächter auf sein Verlangen die Hälfte des Erlöses zur Befriedigung oder zur Sicherstellung für die ihm gegen den Pächter zustehenden Forderungen zu überlassen, die durch das gesetzliche Pfandrecht gesichert sind. Übersteigt der hiernach dem Verpächter zu überlassende Betrag die Höhe seiner Ansprüche, so kann der Pächter oder ein Gläubiger des Pächters den Überschuß nur in Anspruch nehmen, wenn das Pachtkreditinstitut keinen Anspruch darauf erhebt.

(2) Die Vorschriften des Absatzes 1 finden entsprechende Anwendung, wenn der Verpächter sein gesetzliches Pfandrecht geltend macht.

1. Allgemeines:

§ 11 bildet in gewisser Hinsicht den „Angelpunkt" des Pachtkreditgesetzes (*Wagemann* S. 40). Er regelt die sich widerstreitenden Interessen des Verpächters als Inhaber des gesetzlichen Verpächterpfandrechts (§§ 559, 585) — nicht auch als Inhaber eines Vertragspfandrechts! — und des Pachtkreditinstituts als Gläubiger des Inventarpfandrechts. „In der Abgrenzung beider Pfandrechte und in den Fragen der Auseinandersetzung zwischen beiden Realberechtigten lag eine der Hauptschwierigkeiten für die gesetzliche Regelung" (*Lippmann* JW 26, 1033). Dem Verpächter ist über die Sicherung seiner Pachtzinsforderung durch das Verpächterpfandrecht hinaus daran gelegen, daß das zum Betrieb des landwirtschaftlichen Grundstücks erforderliche Inventar vollzählig und in gutem Zustand vorhanden ist und bleibt. Erfahrungsgemäß sind die Verluste des Verpächters durch die Herabwirtschaftung des Hofes samt Inventar größer als seine Einbußen am Pachtzins. Aber auch für den Pächter bedeutet das Verpächterpfandrecht u. U. einen Schutz, da dritte Gläubiger, wenn sie auf das Inventar zugreifen wollen, damit rechnen müssen, daß der Verpächter gem. § 805 ZPO den Versteigerungserlös beansprucht und erhält.

Das Pfandrecht des Verpächters ist durch das Pachtkreditgesetz nicht eingeschränkt worden. Es steht im gleichen Range neben dem Inventarpfandrecht des Pachtkreditinstituts. Der Verpächter hat jedoch nach der Verwertung nur einen Anspruch auf die H ä l f t e d e s E r l ö s e s. Umgekehrt vermindert das Verpächterpfandrecht den Wert des Inventarpfandrechts auf die Hälfte. Die beiden Pfandgläubiger sind also an dem belasteten Inventar mit je 50 % beteiligt. Um nicht durch Zwangsmaßnahmen eines der beiden Pfandgläubiger den Inventarbestand zu gefährden, bestimmt § 11, daß nach einer Pfandverwertung das Pachtkreditinstitut dem Verpächter bzw. der Verpächter dem Pachtkreditinstitut auf Verlangen die Hälfte des Erlöses zur Befriedigung oder zur Sicherstellung der durch die Pfandrechte gesicherten Forderungen zu überlassen hat.

2. § 11 und das Problem der Überpfändung:

§ 11 ist in der Literatur häufig erörtert worden (*Kiesow* S. 31; *Wagemann* S. 40; *Stillschweig* JW 26, 2609; *Michaelsen* S. 33 ff.; *Lippmann* JW 32, 1033 ff.; *Rothe* S. 56 ff.). Insbesondere hat man in der Anwendung der §§ 803 Abs. 1, 818 ZPO i. V. m. § 1230 S. 2 (Verbot der Überpfändung) auf das Pachtkreditgesetz erhebliche Schwierigkeiten, ja sogar die Undurchführbarkeit der Pfandverwertung nach dem Pachtkreditgesetz gesehen. „Man hat den Fall gebildet, daß das Kreditinstitut in Höhe seiner Forderung die Verwertung betreibe, alsdann 50 % an den Verpächter abführe; wegen des Restes von 50 % erneut Verwertung betreibe, wieder die Hälfte an den Verpächter abführe und so theoretisch niemals zu einer vollständigen Befriedigung komme" (*Michaelsen* S. 38; vgl. *Stillschweig* JW 26, 2609).

Mit *Michaelsen* S. 39 sind diese Gedankengänge abzulehnen. Eine Überpfändung liegt immer nur dann vor, wenn der Gläubiger mehr pfändet, als zu seiner Befriedigung nötig ist. Da bei der Verwertung von Inventarstücken nach dem Pachtkreditgesetz von vornherein feststeht, daß das Pachtkreditinstitut bzw. der Verpächter nur 50 % des Erlöses erhält, liegt keine Überpfändung vor, wenn der die Verwertung betreibende Gläubiger in Höhe des Doppelten seiner eigenen Forderung den Pfandverkauf durchführt (h. M.; a. A. anscheinend *Lippmann* JW 32, 1034).

Ob die im § 11 angesichts dieses Ergebnisses gefundene Lösung glücklich ist, wird man bezweifeln können. Gegen den Pächter werden auf diese Weise regelmäßig stärkere Eingriffe in das Inventar vorgenommen, als zur Befriedigung des betreibenden Pfandgläubigers notwendig ist. Hier zeigt sich besonders stark die Notwendigkeit einer Verständigung zwischen Verpächter und Pachtkreditinstitut nach § 9, worauf *Lippmann* JW 32, 1034 mit Recht hinweist. Bei der Beitreibung kleinerer Summen wird häufig von einer Beteiligung am Erlös abgesehen werden können. Über den Fall, daß der Pächter übermäßige Eingriffe in das Inventar vornimmt, um aus dem Erlös den Verpächter oder das Pachtkreditinstitut zu befriedigen, vgl. § 5 Anm. 2. Trotz der gegen § 11 sprechenden theoretischen Bedenken scheinen sich größere Schwierigkeiten in der Praxis bisher nicht gezeigt zu haben.

3. Gutgläubig erworbenes Inventar:

Wenn das Inventar bei der Bestellung des Inventarpfandrechts ganz oder teilweise nicht dem Pächter gehörte, ergeben sich Verschiedenheiten der Rechtslage für das Pachtkreditinstitut und für den Verpächter. Das Pachtkreditinstitut hat gemäß § 4 die Möglichkeit gutgläubigen Erwerbs, das Verpächterpfandrecht kann dagegen nicht gutgläubig erworben werden.

a) Gehört dem Pächter das gesamte Inventar nicht, so entsteht überhaupt kein Verpächterpfandrecht. Das Pachtkreditinstitut kann jedoch auch in diesem Falle das Inventarpfandrecht gutgläubig erwerben (h. M.; a. A. *Saalfrank* S. 14, 20; vgl. § 4 Anm. 1). In diesem Falle erhält das Pachtkreditinstitut den gesamten Verwertungserlös.

b) Wenn dem Pächter nur einzelne Inventarstücke nicht gehören, erwirbt der Verpächter an den übrigen Inventarstücken das Verpächterpfandrecht. Das gutgläubige Pachtkreditinstitut erwirbt auch hier das Inventarpfandrecht am gesamten Inventar. In diesem Falle hat nach der Verwertung der Verpächter einen Anspruch auf 50 % des Erlöses nur aus dem Erlös derjenigen Pfandstücke, an denen sein Verpächterpfandrecht bestand (*Michaelsen* S. 34; *Pick* S. 72; a. A. *Saalfrank* S. 21, der auch in diesem Falle dem Verpächter einen Anspruch auf 50 % des gesamten Verwertungserlöses geben will).

4. Verständigung vor der Verwertung:

Vor der Verwertung sollen sich Verpächter und Pachtkreditinstitut unter dem Gesichtspunkt der Aufrechterhaltung des Betriebes über die Art des Vorgehens verständigen, § 9. Vgl. die Anmerkungen dort.

5. (Abs. 1) Verwertung durch das Pachtkreditinstitut:

a) Schreitet das Pachtkreditinstitut zur Pfandverwertung (§ 10), so kann der Verpächter nicht widersprechen (§ 11 Abs. 1 S. 1). Er ist darauf beschränkt, seinen Ausgleichsanspruch am Erlös geltend zu machen (§ 11 Abs. 1 S. 3). Die Klage auf vorzugsweise Befriedigung aus dem Versteigerungserlös (§ 805 ZPO) hat der Verpächter gegenüber der Pachtbank nicht (*Kiesow* S. 29; *Michaelsen* S. 36). Sie steht ihm nur dritten Gläubigern gegenüber zu, wenn die sonstigen Voraussetzungen gegeben sind. Diese Regelung ist gerechtfertigt, da auch dem Verpächter die Möglichkeit der Pfandverwertung gegeben ist (vgl. Anm. 7). Will das Pachtkreditinstitut das Inventar auf andere Weise als durch öffentliche Versteigerung (vgl. § 10) verwerten, so muß es die Einwilligung des Verpächters haben (§ 11 Abs. 1 S. 2; vgl. § 1245, § 10 Anm. 20).

Wenn nach dem Pachtvertrag der Verpächter bei Ablauf des Pachtvertrages das Inventar zum Schätzwert zu übernehmen hat, so ist dieser Ankauf nicht als Pfandverwertung im Sinne der §§ 10, 11 anzusehen. Der Verpächter erwirbt vielmehr das Inventar belastet mit dem Inventarpfandrecht des Pachtkreditinstituts (*Lippmann* JW 32, 1035). Eine Vereinbarung über die Auseinandersetzung zwischen Verpächter und Pachtkreditinstitut erscheint in diesem Falle zweckmäßig. Erfolgt eine Privatverwertung ohne die Einwilligung des Verpächters, so macht sich das Pachtkreditinstitut u. U. schadensersatzpflichtig nach § 823 Abs. 2 (Verstoß gegen ein Schutzgesetz). Darüber hinaus gelten die §§ 1243, 1244 (*Wagemann* S. 41).

b) Ob der Verpächter oder sonstige dingliche Gläubiger, die die Voraussetzungen der §§ 1249, 268 erfüllen, ein Ablösungsrecht gem. §§ 1249, 268 haben, ist umstritten, dagegen hat unstreitig das Pachtkreditinstitut ein Ablösungsrecht hinsichtlich der durch das Verpächterpfandrecht gesicherten Forderungen (vgl. § 10 Anm. 24). Die Ablösung durch den Verpächter oder einen anderen dinglichen Gläubiger würde zur Folge haben, daß die Forderung des Pachtkreditinstitutes samt Inventarpfandrecht kraft Gesetzes auf den ablösenden Verpächter und damit auf eine Person übergeht, die nicht unter der Kontrolle des Pachtkreditausschusses steht. Dieses Ergebnis aber soll durch § 13, jedenfalls für die rechtsgeschäftliche Abtretung, vermieden werden. Angesichts der ausdrücklichen Erwähnung des § 1249 in § 10 wird es indessen nicht angängig sein, aus § 13 zu folgern, daß das Ablösungsrecht nur einem Pachtkreditinstitut zustehen soll. Auch Verpächter und sonstige dingliche Gläubiger haben daher unter den Voraussetzungen der §§ 1249, 268 das Ablösungsrecht (im Ergebnis wie hier: *Wagemann* S. 77; *Pick* S. 54 und 68; a. A. *Michaelsen* S. 37; *Saalfrank* S. 18; *Rothe* S. 56; zweifelnd *Stillschweig* JW 26, 2609). Durch die Ablösung geht das Inventarpfandrecht bzw. das Verpächterpfandrecht auf den Ablösenden über.

c) Beim Ausgleich nach der Verwertung (§ 11 Abs. 1 S. 3) erhält der Verpächter grundsätzlich 50 % des Erlöses (vgl. aber oben Anm. 3). Der Anspruch auf Ausgleich ist ein obligatorisches Forderungsrecht gegen die Bank. Der Verpächter kann den Ausgleichsanspruch erforderlichenfalls im Wege der Klage geltend machen. Wenn die Forderungen des Verpächters geringer als die Hälfte des Erlöses sind, kann das Pachtkreditinstitut den Mehrerlös behalten, wenn seine Forderung die Hälfte des Erlöses übersteigt. Der Verpächter wird die Höhe seiner Ansprüche endgültig oft erst nach Beendigung des Pachtverhältnisses berechnen können, eine Erklärung, daß seine Ansprüche geringer als 50 % des Erlöses sind, also im Zeitpunkt der Pfandverwertung häufig noch nicht abgeben können. Es kommt aber nicht darauf an, ob der Verpächter bereits fällige Ansprüche gegen den Pächter hat. Nach § 11 Abs. 1 S. 3 hat das Pachtkreditinstitut auf Verlangen des Verpächters diesem die Hälfte des Erlöses „zur Befriedigung oder zur Sicherstellung" für die ihm gegen den Pächter zustehenden Forderungen zu überlassen. „Zur Sicherstellung" kann nur bedeuten: Zur Sicherstellung künftiger Forderungen. Jedoch wird die Form, in der der Ausgleich erfolgt, also die „Überlassung" der Hälfte des Erlöses an den Verpächter, davon abhängig sein, ob die Forderungen des Verpächters bereits fällig sind oder nicht, oder ob es sich überhaupt erst um künftige Forderungen handelt. Vgl. darüber unten d.

d) Die Form des Ausgleichs ist bei fälligen Forderungen des Verpächters gegen den Pächter die Zahlung, bei noch nicht fälligen Forderungen oder bei der Überlassung der Hälfte des Erlöses zur Sicherstellung künftiger Forderungen (etwa Schadensersatzforderungen wegen schlechter Wirtschaftsführung des Pächters; vgl. oben Anm. 5 c) die

Hinterlegung (*Michaelsen* S. 39; Saalfrank S. 22; Pick S. 70; ähnlich Wagemann S. 42). Das Pachtkreditinstitut ist nicht verpflichtet, die Fälligkeit der Forderungen zu überprüfen (*Michaelsen* S. 39; a. A. *Stillschweig* JW 26, 2609). Es braucht an den Verpächter nur auszuzahlen, wenn alle beteiligten Personen, insbesondere der Pächter, der gegebenenfalls einen Anspruch auf den restlichen Erlös hat (vgl. unten Anm. 6), damit einverstanden sind. Stimmt einer der Beteiligten nicht zu oder ist sonst die Rechtslage zweifelhaft, kann das Pachtkreditinstitut hinterlegen. Die Art der Hinterlegung richtet sich nach §§ 372 ff. Hinterlegungsstellen sind nach der Hinterlegungsordnung vom 10. 3. 1937 (RGBl. S. 285) nur noch die Amtsgerichte (Näheres über das durch die Hinterlegung entstehende öffentlich-rechtliche Verwahrungsverhältnis bei *Palandt*, Einführung vor § 372, Anm. 3a). Die Auffassung von *Wagemann* (S. 42), und *Pick* (S. 71), der gesamte 50 %ige Erlös (auch wenn er höher ist als die fälligen Forderungen) solle an den Verpächter gezahlt werden, der den zu hinterlegenden Betrag für den Pächter zu verwahren habe, ist abzulehnen, da alle Beteiligten gefährdet werden, wenn der Verpächter nachträglich zahlungsunfähig wird (*Michaelsen* S. 39; *Kiesow* S. 30; *Rothe* S. 62).

e) Wenn nach der Verwertung des Inventars durch das Pachtkreditinstitut der Verpächter, obwohl ihm die Verwertung bekannt war (das wird gem. § 9 die Regel sein), keine Ausgleichsansprüche anmeldet, wird darin ein Verzicht zu sehen sein (*Rothe* S. 61; *Michaelsen* S. 40).

6. (Abs. 1) Verbleib eines Überschusses:

Wenn der dem Verpächter im Wege des Ausgleichs zu überlassende Betrag die Höhe seiner Ansprüche übersteigt (vgl. oben Anm. 5 c und unten Anm. 7), so erhält den Überschuß der Pächter, aber nur dann, wenn das Pachtkreditinstitut darauf keinen Anspruch erhebt (§ 11 Abs. 1 S. 4). Diese Vorschrift war notwendig, weil nach § 1247 der Pfanderlös an die Stelle des Pfandes tritt, die Pfandrechte daran also weiterbestehen (*Wagemann* S. 43).

7. (Abs. 2) Verwertung durch den Verpächter:

Die bisher erläuterten Vorschriften des § 11 Abs. 1 (Anm. 1—6) finden entsprechende Anwendung auf den Fall, daß der Verpächter sein gesetzliches Verpächterpfandrecht (§§ 559, 585) geltend macht. Der Verpächter hat also dieselben Verwertungsbefugnisse wie das Pachtkreditinstitut (vgl. oben Anm. 5), natürlich auch dieselben Pflichten bezüglich des Ausgleichs (oben Anm. 5 c—e).

Die Höhe der Ansprüche des Verpächters richtet sich nach dem Pachtvertrag und nach bürgerlichem Recht. Nach § 585 kann das Verpächterpfandrecht unbeschränkt auch für den rückständigen und künftigen Pachtzins geltend gemacht werden, nicht jedoch auch für künftige Entschädigungsforderungen (§§ 559 S. 2; 581 Abs. 2; *Palandt* § 585 Anm. 2).

8. Vollstreckung durch Dritte:

Wollen dritte Gläubiger in das Inventar vollstrecken (auch im Verwaltungszwangsverfahren), so haben sowohl das Pachtkreditinstitut wie der Verpächter das Recht auf vorzugsweise Befriedigung gem. § 805 ZPO. Erheben beide die Klage aus § 805 ZPO, so steht jedem von ihnen die vorzugsweise Befriedigung zur Hälfte zu (unstr.). Dieser Weg ist beiden Pfandgläubigern auch anzuraten, wenn sie sich nicht vorher über die Wahrnehmung der Belange des einen durch den anderen einigen können. Wenn nämlich nur einer von ihnen aus § 805 ZPO klagt, hat der Klagende das Recht auf vorzugsweise Befriedigung in voller Höhe (unstr.). Ob der dem Zwangsvollstreckungsverfahren Ferngebliebene einen Bereicherungsanspruch hat, ist immerhin zweifelhaft (vgl. *Stein-Jonas-Schönke* § 805 Anm. IV 5; bejahend *Pick* S. 72). Vgl. auch § 12.

9. Konkurs des Pächters:

Im Konkurs des Pächters haben Verpächter und Pachtkreditinstitut ein Absonderungsrecht gem. §§ 48 ff. Konkursordnung. Ein bei der Verwertung des Inventars nach Befriedigung beider Gläubiger verbleibender Überschuß fällt in die Masse (*Mentzel* § 48 Anm. 12). Der „offene Arrest" der §§ 118, 119 KO betrifft das besitzlose Inventarpfandrecht nicht. Geht den Pfandrechten des Verpächters und der Pachtbank ein Pfandrecht oder ein ihm gleichgestelltes Recht vor (z. B. ein Pfändungspfandrecht gem. § 7 oder ein Vorrecht einer öffentlichen Kasse gem. § 49 KO), so haben Verpächter und Pachtbank ein Ablösungsrecht. Ein Überschuß nach Befriedigung des vorrangigen Pfandgläubigers tritt an die Stelle des Pfandes (§ 1247) und wird gem. § 11 behandelt (vgl. *Pick* S. 72).

§ 12

Drittgläubiger

Die Vorschriften des § 11 Abs. 1 Satz 2, 4 Abs. 2 finden auch Anwendung, wenn ein Dritter die Zwangsvollstreckung in Inventarstücke betreibt und das Pachtkreditinstitut und der Verpächter gemäß § 805 der Zivilprozeßordnung ihren Anspruch auf vorzugsweise Befriedigung aus dem Erlös geltend machen.

1. Der Fall, daß ein dritter Gläubiger in das Inventar vollstreckt, ist zwar rechtlich möglich, wird aber selten sein. Der vollstrekkende Drittgläubiger muß sich das Verpächterpfandrecht, das nach § 585 auch für den rückständigen und künftigen Pachtzins geltend gemacht werden kann (vgl. § 11 Anm. 7), bei der Verteilung vorgehen lassen, u. U. auch ein rangbesseres Inventarpfandrecht gem. § 4 Abs. 2.

Tritt aber der seltene Fall ein, daß ein Drittgläubiger in das Inventar vollstreckt, so bedarf er zu einer Verwertung, die nicht im Wege öffentlicher Versteigerung geschieht, der Zustimmung des Verpächters (§ 11 Abs. 1 S. 2; vgl. § 11 Anm. 5a).

2. § 805 ZPO (Klage auf vorzugsweise Befriedigung):

Der Pfändung einer Sache kann ein Dritter, der sich nicht im Besitz der Sache befindet, auf Grund eines Pfand- oder Vorzugsrechts nicht widersprechen; er kann jedoch seinen Anspruch auf vorzugsweise Befriedigung aus dem Erlös im Wege der Klage geltend machen, ohne Rücksicht darauf, ob seine Forderung fällig ist oder nicht.

Die Klage ist bei dem Vollstreckungsgericht und, wenn der Streitgegenstand zur Zuständigkeit der Amtsgerichte nicht gehört, bei dem Landgericht zu erheben, in dessen Bezirk das Vollstreckungsgericht seinen Sitz hat.

Wird die Klage gegen den Gläubiger und den Schuldner gerichtet, so sind diese als Streitgenossen anzusehen.

Wird der Anspruch glaubhaft gemacht, so hat das Gericht die Hinterlegung des Erlöses anzuordnen. Die Vorschriften der §§ 769, 770 sind hierbei entsprechend anzuwenden.

Verpächter und Pachtkreditinstitut müssen, wenn ein dritter Gläubiger in das Inventar vollstreckt, ihre Ansprüche auf vorzugsweise Befriedigung durch Klage geltend machen (*Baumbach* § 805 Anm. 1 B c). Über das Verhältnis zwischen Verpächter und Pachtkreditinstitut bei der Klage aus § 805 ZPO vgl. § 11 Anm. 8. Die Klage aus § 805 ZPO steht dem Verpächter auch zu, wenn ein dritter Gläubiger die Früchte auf dem Halm gem. § 810 pfändet (vgl. § 810 ZPO, abgedruckt in Teil 4 II, Anm. 1).

§ 13

Abtretung der gesicherten Forderung

(1) Die nach Maßgabe dieses Gesetzes gesicherte Forderung kann nur an ein Pachtkreditinstitut abgetreten werden, das nach Maßgabe dieses Gesetzes zugelassen ist; die Abtretung soll dem in § 2 Abs. 1 bezeichneten Gericht angezeigt werden. Mit der Übertragung der Forderung geht das Pfandrecht auf den neuen Gläubiger über. Das Pfandrecht kann nicht ohne die Forderung übertragen werden.

(2) Wird bei der Übertragung der Forderung der Übergang des Pfandrechts ausgeschlossen, so erlischt das Pfandrecht.

1. (Abs. 1) Zweck der Vorschrift:

Es ist der Zweck dieser Vorschrift zu verhindern, daß die durch das Inventarpfandrecht gesicherte Forderung auf einen Gläubiger übergeht, dessen Geschäftsgebaren und Zuverlässigkeit nicht durch den Pachtkreditausschuß und die zuständigen Obersten Landesbehörden (§ 17) geprüft und überwacht wird (*Wagemann* S. 45; *Michaelsen* S. 37). Eine Abtretung an ein nicht zugelassenes Kreditinstitut (vgl. §§ 1 Anm. 3, 17 ff.) ist nichtig (*Wagemann* S. 45), es sei denn, daß dabei der Übergang des Pfandrechts ausgeschlossen worden ist, womit das Pfandrecht erlischt (Abs. 2). Über das Ablösungsrecht vgl. § 11 Anm. 5b).

2. (Abs. 1) Pfändung der gesicherten Forderung:

Da nach § 851 ZPO (vgl. auch § 1274 Abs. 2) eine Forderung in Ermangelung besonderer Vorschriften der Pfändung nur insoweit unterworfen ist, als sie übertragbar ist, kann die durch ein Inventarpfandrecht gesicherte Forderung nur von einem Pachtkreditinstitut gepfändet werden (vgl. über das Verbot der mehrfachen Verpfändung an verschiedene Pachtkreditinstitute § 1 Anm. 3 c). Der Kreis der zur Pfändung berechtigten Personen ist also beschränkt. Jedoch ist die Forderung damit nicht überhaupt der Zwangsvollstreckung entzogen. Sie fällt demnach in die Konkursmasse des Pachtkreditinstituts (*Stillschweig* JW 26. 2610; *Pick* S. 73; a. A. *Kiesow* S. 32; *Wagemann* S. 45). Gem. § 394 S. 1 kann auch nur ein Pachtkreditinstitut gegen eine solche Forderung aufrechnen (*Wagemann* S. 45; a. A. *Pick* S. 73).

3. (Abs. 1) Abtretungsanzeige:

Die Abtretung der Forderung an ein anderes Kreditinstitut soll dem nach § 2 Abs. 1 zuständigen Amtsgericht angezeigt werden. Berechtigt zur Anzeige sind Zedent, Zessionar und Pächter (*Wagemann* S. 45). Eine Unterlassung der Anzeige macht — da es sich um eine Sollvorschrift handelt — nicht schadensersatzpflichtig, falls daraus einmal ein Schaden entsteht (a. A. *Wagemann*, der aber zugibt, daß man angesichts des Fehlens einer Vorschrift darüber, wer zur Anzeige verpflichtet ist, kaum in der Lage sein wird, eine bestimmte Person haftbar zu machen).

4. (Abs. 1) Übergang des Pfandrechts:

Satz 2 und 3 sind wörtlich aus § 1250 übernommen. Ist ein Pfandrecht nicht entstanden (weil z. B. die nach § 2 erforderliche Einigung nichtig war), so erwirbt das Pachtkreditinstitut als Zessionar auch bei gutem Glauben kein Pfandrecht (vgl. § 2 Anm. 2). Eine selbständige Übertragung des Pfandrechts (ohne die Forderung) ist nicht möglich (vgl. § 401).

5. (Abs. 2) Ausschluß des Pfandrechtsübergangs:

Abs. 2 entspricht wörtlich dem § 1250 Abs. 2 (vgl. § 14 Anm. 4 e).

6. Kosten:

Die Gerichtsgebühr für Entgegennahme der Anzeige nach § 13 Abs. 1 beträgt ein Viertel einer vollen Gebühr (§ 117 Abs. 2 Zf. 1 KostO. abgedruckt im Teil 4 III).

§ 14

Erlöschen des Pfandrechts

(1) Das Pfandrecht erlischt mit der Forderung, für die es bestellt ist.

(2) Zur Aufhebung des Pfandrechts durch Rechtsgeschäft genügt die Erklärung des Pfandgläubigers gegenüber dem Pächter, daß er das Pfandrecht aufgebe.

(3) Erlischt das Pfandrecht, so ist der Gläubiger auf Verlangen des Pächters verpflichtet, eine öffentlich beglaubigte Erklärung darüber auszustellen, daß das Pfandrecht erloschen ist. Die Kosten der Erklärung hat der Pächter zu tragen und auf Verlangen vorzuschießen.

1. Allgemeines:

§ 14 behandelt das Erlöschen des Inventarpfandrechts. Anders als bei der Entstehung des Pfandrechts (vgl. § 2 Abs. 1) ist hier eine Mitwirkung des Gerichts nicht erforderlich.

2. (Abs. 1) Erlöschen des Pfandrechts:

Mit der Forderung erlischt auch das Pfandrecht. Der Grund des Erlöschens der Forderung (Zahlung, Pfandverwertung, Erlaß) ist gleichgültig (vgl. §§ 362 ff.). Abs. 1 hat (fast) wörtlich § 1252 übernommen. Besteht zwischen Pachtbank und Pächter hinsichtlich der Darlehnsforderung ein Kontokorrentverhältnis, so erlischt die Forderung erst mit der Kündigung des Kontokorrents gem. § 355 Abs. 3 HGB. § 356 HGB ist nicht anwendbar (*Pick* S. 73).

3. (Abs. 2) Aufhebung des Pfandrechts:

Zur rechtsgeschäftlichen Aufhebung des Inventarpfandrechts genügt die einseitige Erklärung des Pachtkreditinstitutes gegenüber dem Pächter (vgl. § 1255 Abs. 1). Das Pfandrecht erlischt nicht durch Verlust des Pfandbesitzes, § 1253 ist also nicht anwendbar (*Wagemann* S. 78). Da das Inventarpfandrecht ohne Besitzübertragung bestellt wird (§ 1), wird diese Frage ohnehin nur im Falle des § 10 Abs. 3 praktisch. Vgl. auch § 1254. Das Pfandrecht erlischt auch nicht dadurch, daß der Pächter die Pachtung aufgibt und den Hof verläßt. § 1255 Abs. 2 wird ergänzend angewandt, z. B. wenn das Inventarstück dem Hypothekengläubiger des verpachteten Grundstücks haftet (*Pick* S. 74; vgl. § 7 Anm. 2).

4. Weitere Erlöschensgründe:

a) Der Untergang des Inventars (vgl. RG 142, 203). Hierbei ist zu beachten, daß beim Inventarpfandrecht nicht wie im Hypothekenrecht nach dem allgemeinen Surrogationsprinzip ein Pfandrecht an der Versicherungsforderung entsteht (*Michaelsen* S. 42). Das Pachtkreditinstitut muß sich vielmehr, wenn es gegen den Untergang des Inventars geschützt sein will, die Versicherungsansprüche des Pächters unter Benachrichtigung der Versicherungsgesellschaft abtreten lassen, wie es in der Praxis regelmäßig geschieht (vgl. § 6 des Mustervertrages im Anhang 3).

b) Formloser Verzicht des Pachtkreditinstitutes (*Michaelsen* S. 42).

c) Vereinigung von Gläubiger und Schuldner in einer Person (Konfusion; vgl. *Enneccerus-Lehmann* § 76; unstr.).

d) Vereinigung von Eigentümer und Pfandgläubiger in einer Person (Konsolidation; vgl. § 1256), z. B. wenn das Pachtkreditinstitut dem Pächter das Inventar abkauft (unstr.).

e) Übertragung der Forderung unter Ausschluß des Übergangs des Pfandrechts (§ 13 Abs. 2).

f) Verbindung, Vermischung, Verarbeitung (§§ 949, 950 II), Fund (§ 973), Ersitzung (§ 945).

5. (Abs. 3) Öffentlich beglaubigte Erklärung:

Gem. § 2 Abs. 1 ist zur Bestellung des Inventarpfandrechts die Niederlegung des Verpfändungsvertrages beim Amtsgericht erforderlich. Für das Erlöschen des Pfandrechts ist der weitere Verbleib des Verpfändungsvertrages beim Amtsgericht ohne Bedeutung. Der Vertrag ist dem Pächter allerdings nach Erlöschen des Pfandrechts herauszugeben (§ 15 Abs. 4). Die Rückholung des Verpfändungsvertrages ist zweckmäßig, damit das Amtsgericht die Pfandfreiheitsbescheinigung gem. § 16 Abs. 2 erteilen kann. Zum Nachweis des Erlöschens gegenüber dem Amtsgericht genügt aber schon die in § 14 Abs. 3 bezeichnete öffentlich beglaubigte Erklärung des Gläubigers, zu deren Ausstellung der Gläubiger (auf Kosten des Pächters) verpflichtet ist. Verweigert der Gläubiger diese Erklärung, so kann der Pächter auf Abgabe der Erklärung klagen (unstr.; vgl. auch § 1254). Verweigert das Amtsgericht die Rückgabe, so ist die Beschwerde nach §§ 19 ff. FGG möglich (*Kiesow* S. 33; *Michaelsen* S. 43).

§ 15

Niederlegung des Vertrages

(1) Der Verpfändungsvertrag kann sowohl von dem Pächter wie von dem Pachtkreditinstitut niedergelegt werden.

(2) Das Amtsgericht hat den Zeitpunkt der Niederlegung des Verpfändungsvertrages nach Tag und Stunde auf dem Verpfändungsvertrag oder einem damit zu verbindenden Blatt an deutlich sichtbarer Stelle zu vermerken. Über den Zeitpunkt der Niederlegung ist dem, der den Vertrag niedergelegt hat, eine Bescheinigung zu erteilen.

(3) Das Pachtkreditinstitut hat alsbald nach der Niederlegung dem Verpächter eine Abschrift des Verpfändungsvertrages unter Angabe des Zeitpunktes der Niederlegung mitzuteilen.

(4) Nach dem Erlöschen des Pfandrechts ist der Verpfändungsvertrag dem Pächter auf Antrag herauszugeben; zum Nachweis des Erlöschens genügt die im § 14 Abs. 3 bezeichnete Erklärung.

1. (Abs. 1) Niederlegung durch Pächter oder Pachtkreditinstitut:

Die Niederlegung des Verpfändungsvertrages gemäß § 2 Abs. 1 kann durch den Pächter oder das Pachtkreditinstitut erfolgen, die sich durch Bevollmächtigte vertreten lassen können. Legt ein Dritter den Vertrag nieder (ein wohl selten eintretender Fall), so dürften die an die Niederlegung des Vertrages in § 2 Abs. 1 geknüpften Rechtswirkungen (Entstehung des Inventarpfandrechtes) solange nicht eintreten, bis Pächter oder Pachtkreditinstitut erklären, ob und daß die Niederlegung in ihrem Namen erfolgt sei. Die Entgegennahme der Vertragsurkunde kann das Gericht nur dann ablehnen, wenn der Vertrag offenbar unwirksam ist bzw. von einem offenbar Unbefugten niedergelegt werden soll (vgl. § 2 Anm. 2; *Pick* S. 50; *Rothe* S. 34; a. A. *Wagemann* S. 47). In allen anderen Fällen wird das Gericht den Pfandvertrag entgegennehmen — gegebenenfalls unter Hinweis auf etwaige Zweifel — und es einer späteren Entscheidung im Prozeßwege zu überlassen haben, ob die Niederlegung wirksam war oder nicht.

2. (Abs. 2) Zeitpunkt der Niederlegung:

Der Zeitpunkt der Niederlegung des Pfandvertrages ist materiellrechtlich von großer Bedeutung, da — bei Vorliegen der sonstigen Voraussetzungen, vgl. darüber § 2 — im Zeitpunkt der Niederlegung das Inventarpfandrecht entsteht. Daher muß das Amtsgericht diesen Zeitpunkt nach Tag, Stunde und Minute sofort bei Eingang auf dem Verpfändungsvertrag oder auf einem damit fest zu verbindenden Blatt an deutlich sichtbarer Stelle vermerken (vgl. Ziff. 6 der AV des RJM vom 6. 11. 1939, abgedruckt im Anhang 2). Entsprechend ist zu verfahren, wenn ein Abänderungsvertrag oder eine Vereinbarung gemäß § 3 Abs. 2 S. 2 niedergelegt wird. Diese Regelung lehnt sich an die für Anträge an das Grundbuchamt getroffenen Vorschriften an (vgl. § 13 GBO). Nach Anmerkung 2 zu dem Muster zu § 22 der Aktenordnung (abgedruckt im Anhang 1) sind die niedergelegten Verpfändungsverträge unverzüglich, in jedem Falle noch am gleichen Tage, in das beim Amtsgericht zu führende Kb-Register einzutragen. Über den Zeitpunkt der Niederlegung ist dem Niederlegenden eine Bescheinigung zu erteilen (§ 15 Abs. 2 S. 2), die etwa in folgender Weise ausgestellt werden kann (vgl. *Matiba* S. 342): „Hiermit wird bescheinigt, daß der zwischen Herrn ...., Pächter des Grundstücks ...., und der ....bank in .... abgeschlossene Inventarverpfändungsvertrag über DM 10 000,— bei dem Amtsgericht in .... am .... um .... Uhr niedergelegt worden ist."

3. (Abs. 2) Amtsgericht:

Unter „Amtsgericht" ist der Amtsrichter zu verstehen. Durch Ziff. 5 der AV des RJM vom 6. 11. 1939 (abgedruckt im Anhang 2) sind jedoch dem Rechtspfleger zur selbständigen Erledigung übertragen worden:

a) Die Entgegennahme von Verpfändungsverträgen, Vertragsveränderungen und Vereinbarungen sowie die Beurkundung ihres Eingangs,

b) die Ausstellung der Bescheinigungen über den Zeitpunkt der Niederlegung sowie darüber, daß kein Verpfändungsvertrag niedergelegt ist.

Diese Entlastungsbestimmungen sind durch die Entlastungsverfügung vom 3. 7. 1943 (DJ 1943, 339) mit Änderungen vom 5. 6. und 19. 9. 1944 (DJ 1944, 185, 249) nicht berührt worden (vgl. § 30 der Entlastungsverfügung).

Die Führung des Registers für Pachtkreditsachen (Kb-Register) ist gemäß § 22 Aktenordnung (abgedruckt im Anhang 1) regelmäßig den Grundbuchabteilungen der Amtsgerichte übertragen. Die Blattsammlung samt den niedergelegten Verpfändungsverträgen werden im Grundbuchgewölbe aufbewahrt.

Vgl. im übrigen § 2 Anm. 2.

4. (Abs. 3) Benachrichtigung des Verpächters:

Das Pachtkreditinstitut muß nach der Niederlegung des Vertrages beim Amtsgericht dem Verpächter eine Abschrift des Vertrages unter Angabe des Zeitpunktes der Niederlegung übersenden. Dem Verpächter soll auf diese Weise Gelegenheit gegeben werden, seine Rechte gemäß §§ 9 und 11 zu wahren. Kommt das Pachtkreditinstitut seiner Verpflichtung aus § 15 Abs. 3 nicht nach, macht es sich u. U. schadensersatzpflichtig nach § 823 Abs. 2 (Schutzgesetz).

5. (Abs. 4) Rückgabe des Pfandvertrages:

Das Erlöschen des Pfandrechts tritt ohne eine Mitwirkung des Gerichts ein (vgl. § 14 Anm. 1 und 5), also unabhängig davon, ob sich der Pfandvertrag noch beim Gericht befindet oder nicht (vgl. § 2 Anm. 2). § 15 Abs. 4 gibt nur die Befugnis (um die Rechtslage nach Erlöschen des Pfandrechts auch nach außen hin klarzustellen, und die Publizitätswirkung der Niederlegung — § 5 — zu beseitigen), nach Erlöschen des Pfandrechts die Rückgabe des Pfandvertrages vom Gericht zu verlangen (vgl. auch § 14 Anm. 5 und § 1254). Zum Nachweis des Erlöschens gegenüber dem Amtsgericht genügt die in § 14 Abs. 3 bezeichnete öffentlich beglaubigte Erklärung des Pachtkreditinstituts, daß das Pfandrecht erloschen sei. Das Amtsgericht muß den Pfandvertrag an den Pächter herausgeben, auch wenn das Pachtkreditinstitut den Vertrag niedergelegt hatte. Das Amtsgericht muß sich dementsprechend die Überzeugung verschaffen, daß derjenige, der die Herausgabe verlangt, der Pächter ist. Das kann manchmal zweifelhaft sein, z. B. bei einer inzwischen eingetretenen Rechtsnachfolge oder bei Streit über die Rechtswirksamkeit des Pachtvertrages (*Wagemann* S. 48). Der die Herausgabe verlangende Pächter hat dem Gericht die benötigten Unterlagen zum Nachweis seiner Berechtigung zu verschaffen. Gewinnt das Amtsgericht nicht die erforderliche Gewißheit, wird es die Herausgabe ablehnen (*Wagemann* S. 47). Gegen die Entscheidung des Amtsgerichts ist die Beschwerde gemäß §§ 19 ff. FGG gegeben. Auf die Möglichkeit der Rückgabe des Pfandvertrages ist schon bei Anlegung der Blattsammlungen Bedacht zu nehmen (§ 22 Ziff. 1 Aktenordnung, abgedruckt im Anhang 1).

6. Kosten:

Für die Niederlegung eines Verpfändungsvertrages einschließlich der Erteilung einer Bescheinigung gemäß § 15 Abs. 2 S. 2 wird die Hälfte einer vollen Gebühr erhoben (§ 117 Abs. 1 KostO). Nachträgliche Ergänzungen sind gebührenfrei (§ 117 Abs. 4 KostO, abgedruckt im

Teil 4 III). Die Gebühr für die Herausgabe des Verpfändungsvertrages beträgt ein Viertel einer vollen Gebühr (§ 117 Abs. 2 Ziff. 2 KostO).

§ 16

Einsicht, Pfandfreiheitsbescheinigung

(1) Die Einsicht der bei dem Amtsgericht niedergelegten Verpfändungsverträge ist jedem gestattet, der ein berechtigtes Interesse darlegt. Soweit die Einsicht gestattet ist, kann die Erteilung von Abschriften verlangt werden. Die Abschriften sind auf Verlangen zu beglaubigen.

(2) Dem Pächter eines landwirtschaftlichen Grundstücks ist auf Antrag von dem Amtsgericht, in dessen Bezirk der Sitz seines Betriebes liegt, zu bescheinigen, daß bei dem Amtsgericht kein Verpfändungsvertrag niedergelegt worden ist.

1. (Abs. 1) Einsicht und Abschriften:

Die Vorschrift ist dem § 12 GBO nachgebildet. Die Einsicht in die beim Gericht niedergelegten Verpfändungsverträge (enschließlich etwaiger späterer Ergänzungen, z. B. nach § 3 Abs. 1 S. 2 oder § 3 Abs. 2 S. 2) ist jedem gestattet, der ein berechtigtes Interesse darlegt. Es genügt dafür, daß der Antragsteller ein verständiges, durch die Sachlage gerechtfertigtes Interesse verfolgt (KGJ 20 A 175; OLG München HRR 37 Nr. 739). In aller Regel werden zur Einsicht befugt sein der Verpächter und sonstige Pfandgläubiger, ferner ein Kreditgeber des Pächters (vgl. im übrigen die Kommentare zur GBO). Das berechtigte Interesse braucht nicht glaubhaft gemacht, sondern nur dargelegt zu werden. „Darlegen ist das Vorbringen von Tatsachen in der Weise, daß das Gericht den überzeugenden Anhalt von der Richtigkeit der Darstellung des Antragstellers erlangt" (*Henke-Mönch-Horber* § 12 Anm. 2 B). Bestehen Zweifel über die Zulässigkeit der Einsicht, ist die Entscheidung des Richters herbeizuführen (Ziff. 3 der AV des RJM vom 6. 11. 1939, abgedruckt im Anhang 2).

Soweit die Einsicht gestattet ist, kann die Erteilung von Abschriften bzw. beglaubigten Abschriften verlangt werden.

Das Recht auf Einsicht in die Pfandverträge erstreckt sich auch auf das dazugehörige Kb-Register und Namensverzeichnis (§ 22 Ziff. 3 Aktenordnung, abgedruckt im Anhang 1).

2. (Abs. 2) Pfandfreiheitsbescheinigung (Negativattest):

Über die örtliche Zuständigkeit des Amtsgerichts, die das Amtsgericht selbst prüfen muß (*Wagemann* S. 49; *Pick* S. 76), vgl. § 2 Anm. 2. Verneint das Amtsgericht seine Zuständigkeit, hat es den Antrag abzulehnen. Dagegen ist die Beschwerde (§§ 19 ff. FGG) gegeben.

Die Bescheinigung wird auf den Namen des Pächters ausgestellt, nicht auf das von ihm gepachtete Grundstück. Auf Wunsch des Pächters ist eine Pfandfreiheitsbescheinigung auch bezüglich des Rechtsvorgängers des Pächters auszustellen (Ziff. 7 der AV des RJM vom 6. 11. 1939, abgedruckt im Anhang 2). Wenn ein Pfandvertrag zwar niedergelegt, inzwischen aber wieder zurückgegeben worden ist (§ 15 Abs. 4), ist dies unter Angabe des Rückgabetages zu bescheinigen. Die Bescheinigung hat nur Bedeutung als Beweismittel. Wer sich auf sie verläßt, wird nicht als bösgläubig angesehen werden können, auch bei Ausstellung durch ein örtlich unzuständiges Gericht. Eine unbedingte Gewißheit, daß keine Inventarverpfändung erfolgt ist, vermag die Bescheinigung nicht zu erbringen, da der Betriebssitz verlegt und damit ein anderes Amtsgericht zuständig geworden sein kann (*Pick* S. 76; vgl. § 2 Anm. 2). Für die erwähnten Bescheinigungen, die mit dem Abdruck des Gerichtsstempels zu versehen sind, ist das nachstehende Muster vorgeschrieben (Ziff. 7 der AV des RJM vom 6. 11. 1939, abgedruckt im Anhang 2):

Bescheinigung

..........................[1]) hat beantragt, ihm als dem Pächter des Gutes ....[2]) gemäß § 16 Abs. 2 des Pachtkreditgesetzes vom 5. 8. 1951 (BGBl. I 494) zu bescheinigen, daß bei dem unterzeichneten Amtsgericht kein Vertrag niedergelegt sei, durch den er das ihm gehörende Inventar des bezeichneten Gutes verpfändet habe.

Es wird hiermit bescheinigt, daß ein derartiger Vertrag hier — nicht niedergelegt ist — zwar niedergelegt war, aber am .... dem Pächter gemäß § 15 Abs. 4 des obenbezeichneten Gesetzes herausgegeben worden ist.

...., den .... 19......

Das Amtsgericht

(Gerichtsstempel)

....

Name und Amtsbezeichnung

---

[1]) Name des Antragstellers.

[2]) Genaue Bezeichnung des Gutes nach seiner Benennung und Lage, andernfalls Bezeichnung nach dem Grundbuch.

3. Kosten:

Für die Gestattung der Einsicht (§ 16 Abs. 1) wird keine Gebühr erhoben (§ 117 Abs. 4 KostO, abgedruckt in Teil 4 III). Für die Erteilung einer beglaubigten Abschrift des Verpfändungsvertrages (§ 16 Abs. 1) und für die Bescheinigung an den Pächter, daß ein Verpfändungsvertrag beim Amtsgericht nicht niedergelegt ist (§ 16 Abs. 2), werden je nach der Höhe des Kostenwertes (vgl. darüber §§ 21 Abs. 1, 72 KostO, § 15 der Kostenverfügung des Reichsjustizministers vom 20. 11. 1940 — DJ 1361) DM 2,40 bis 24,— erhoben (§ 117 Abs. 3 KostO). Für Abschriften werden daneben die erwachsenen Schreibgebühren angesetzt (§ 117 Abs. 3 KostO).

§ 17

Zulassung des Kreditinstituts

(1) Der Antrag auf Zulassung als Pachtkreditinstitut ist beim Pachtkreditausschuß (§ 18) zu stellen. Dieser leitet den Antrag mit seiner Stellungnahme an die für die Bankenaufsicht zuständige Oberste Landesbehörde, die im Einvernehmen mit der Obersten Landwirtschaftsbehörde darüber entscheidet.

(2) Dem Antrag auf Zulassung ist ein Muster des zur Verwendung kommenden Verpfändungsvertrages beizufügen. Das sich bewerbende Kreditinstitut muß dem Pachtkreditausschuß unter Wahrung des Bankgeheimnisses die Auskünfte erteilen, die dieser für notwendig hält.

(3) Das Kreditinstitut muß nachweisen, daß seine Einrichtungen für die laufende Überwachung der beliehenen Betriebe unter dem Gesichtspunkt einer auf Steigerung der landwirtschaftlichen Erzeugung gerichteten Wirtschaftsführung sowie für die etwa erforderlich werdende Wirtschaftsberatung Gewähr bieten. Zur laufenden Überwachung gehört besonders die Aufstellung und Prüfung jährlicher Voranschläge über die zu erwartenden Ertragsverhältnisse unter Berücksichtigung der Wirtschaftserträge der Vorjahre.

(4) Das Kreditinstitut muß die Möglichkeit bieten, zur Aufrechterhaltung des beliehenen Betriebes auch dem Verpächter Kredit einzuräumen.

1. Begriff des Kreditinstituts:

Das Pachtkreditgesetz gibt keine Begriffsbestimmung des „Kreditinstituts". Das ist jedoch auch nicht erforderlich, da § 1 des Gesetzes über das Kreditwesen vom 25. 9. 1939 (RGBl. I S. 1955) i. d. F. der Änderungsverordnungen vom 23. 7. 1940 (RGBl. I S. 1047) und 18. 9. 1944 (RGBl. I S. 211) den Begriff des Kreditinstitutes festlegt. Danach sind Kreditinstitute alle Unternehmen, die Bank- oder Sparkassengeschäfte im Inland betreiben. Bank- oder Sparkassengeschäfte sind insbesondere die Annahme und Abgabe von Geldbeträgen, die Anschaffung und Veräußerung von Wertpapieren für andere, das Depotgeschäft sowie nicht versicherungsmäßig aufgezogene Übernahme von Haftungen und Garantien für Dritte. In welcher juristischen Form (Einzelkaufmann, Personalgesellschaft, Kapitalgesellschaft, Genossenschaft) die Geschäfte betrieben werden, ist ohne Bedeutung (vgl. *Wagemann* S. 51; *Reichardt* S. 26).

2. (Abs. 1) Zulassung des Kreditinstituts:

Will ein Kreditinstitut als Pachtkreditinstitut zugelassen werden, so muß es einen entsprechenden Antrag beim Pachtkreditausschuß (§ 18) stellen. Nach dem Gesetz vom 9. 7. 1926 entschied der Pachtkreditausschuß über den Antrag. Die Entscheidungsbefugnis ist jedoch durch § 1 des Ergänzungsgesetzes vom 18. 8. 1949 (WiGBl. 1949, 264) auf die für die Bankenaufsicht zuständige Oberste Landesbehörde übertragen worden, die im Einvernehmen mit der Obersten Landwirtschaftsbehörde über den Zulassungsantrag entscheidet. Diese Regelung hat das Pachtkreditgesetz vom 5. 8. 1951 beibehalten. Der Pachtkreditausschuß ist jedoch zuständig geblieben für die Entgegennahme des Antrags, den er mit seiner Stellungnahme an die entscheidende Oberste Landesbehörde weiterzuleiten hat. Die Entscheidung über die Zulassung ist für die Gerichte bindend. Sie können die Rechtmäßigkeit von Verpfändungsverträgen (§§ 1, 2) nicht deshalb in Zweifel ziehen, weil das Pachtkreditinstitut zu Unrecht zugelassen sei (*Wagemann* S. 51). Die Zulassung bzw. die Aufhebung der Zulassung (§ 19 Abs. 2) wird wirksam mit der Bekanntgabe an das Kreditinstitut (*Wagemann* S. 51).

Der Zweck des Zulassungsverfahrens ist — ebenso wie Sinn und Ziel des Pachtkreditgesetzes überhaupt — letztlich die Erhaltung und Leistungssteigerung der landwirtschaftlichen Pachtbetriebe. Durch das Zulassungsverfahren soll verhindert werden, daß sich private Geldgeber oder auch organisierte Kreditinstitute die Vorteile des Pachtkreditgesetzes zunutze machen, „die in ihren Bedingungen allzu einseitig auf ihren eigenen Vorteil bedacht sind und auf die Erhaltung des wirtschaftlich belasteten Betriebes nicht genügend Rücksicht nehmen" (*Wagemann* S. 50; vgl. § 17 Abs. 3).

3. (Abs. 2) Mustervertrag, Auskünfte an den Pachtkreditausschuß:

Das sich um die Zulassung bewerbende Kreditinstitut muß seinem Antrag ein Muster des bei ihm zur Verwendung vorgesehenen Verpfändungsvertrages beifügen (vgl. das in Anhang 3 abgedruckte Vertragsmuster) und dem Pachtkreditausschuß unter Wahrung des Bankgeheimnisses die Auskünfte erteilen, die dieser für notwendig hält. Das Muster soll die Gewähr dafür bieten, daß der Kredit zu Bedingungen gewährt wird, die mit dem Sinn und Zweck des Gesetzes (vgl. oben Anm. 2) in Einklang stehen. Zugleich bietet es die Möglichkeit, durch das Pachtkreditgesetz nicht geklärte Zweifelsfragen so zu klären, daß spätere Streitigkeiten möglichst ausgeschlossen werden. Einen einklagbaren Anspruch auf Auskunft hat der Pachtkreditausschuß nicht, jedoch wird er eine Weigerung des sich bewerbenden Kreditinstitutes, die für erforderlich gehaltenen Auskünfte zu erteilen, als Grund ansehen können, um in seiner Stellungnahme an die entscheidende Oberste Landesbehörde die Zulassung nicht zu befürworten. Bei den Auskünften des Kreditinstitutes ist das Bankgeheimnis zu wahren. Unter Bankgeheimnis versteht man das Recht und die Pflicht einer Bank, keine Auskünfte über die Konten und Vermögensverhältnisse ihrer Kunden zu geben (vgl. Näheres bei *Sichtermann* S. 3 ff.).

4. (Abs. 3) Überwachung der beliehenen Betriebe:

Wegen des in Anm. 2 hervorgehobenen Zweckes des Zulassungsverfahrens muß das sich bewerbende Kreditinstitut nachweisen, daß es die beliehenen Betriebe unter dem Gesichtspunkt einer auf Steigerung der landwirtschaftlichen Erzeugung gerichteten Wirtschaftsführung laufend überwachen kann. Es muß ferner in der Lage sein, den beliehenen Betrieb wirtschaftlich zu beraten und jährliche Voranschläge über die zu erwartenden Ertragsverhältnisse aufstellen und prüfen zu können. Das setzt voraus, daß die Bank über betriebswirtschaftlich geschulte landwirtschaftliche Fachleute verfügt.

5. (Abs. 4) Möglichkeit der Krediteinräumung an den Verpächter:

Bereits in § 9 Anm. 2 wurde betont, daß es bei schlechter Wirtschaftsführung des Pächters häufig notwendig und zweckmäßig ist, dem Verpächter (z. B. zwecks Abfindung des Pächters) einen Kredit zu gewähren, um den Pachtbetrieb aufrecht zu erhalten. Um diese Möglichkeit der Kreditgewährung an den Verpächter sicherzustellen, ist sie durch § 17 Abs. 4 zur Bedingung der Zulassung als Pachtkreditinstitut erhoben.

§ 18

Pachtkreditausschuß

(1) Der Pachtkreditausschuß besteht aus neun Mitgliedern, von denen drei Mitglieder auf Vorschlag des Zentralausschusses der deutschen Landwirtschaft durch die Bundesregierung berufen werden; sie dürfen weder Verpächter noch Pächter sein und sollen mit den Fragen des Pachtrechts und des Pachtkreditwesens besonders vertraut sein. Die übrigen sechs Mitglieder werden auf Vorschlag der berufsständischen Organisationen vom Bundesminister für Ernährung, Landwirtschaft und Forsten berufen; davon müssen drei Verpächter und drei Pächter sein. Für jedes Mitglied ist gleichzeitig ein Vertreter zu bestimmen. Die Mitglieder und deren Vertreter werden auf fünf Jahre berufen, sie können aus wichtigem Grunde vorher abberufen werden.

(2) Die Kosten des Pachtkreditausschusses tragen die Pachtkreditinstitute.

(3) Der Pachtkreditausschuß gibt sich eine Geschäftsordnung, in der auch die Kostenfestsetzung zu regeln ist. Die Geschäftsordnung bedarf der Zustimmung des Bundesministers für Ernährung, Landwirtschaft und Forsten.

1. (Abs. 1) Mitglieder des Pachtkreditausschusses:

Der Pachtkreditausschuß (Sitz: Frankfurt/Main, Lindenstr. 27) besteht aus 9 Mitgliedern. Drei von ihnen beruft auf Vorschlag des Zentralausschusses der deutschen Landwirtschaft (Sitz: Bonn, Koblenzerstr. 121) die Bundesregierung (sie dürfen weder Pächter noch Verpächter sein, sollen aber mit den Fragen des Pachtrechts und Pachtkreditwesens besonders vertraut sein). Die übrigen 6 Mitglieder (3 Verpächter und

3 Pächter) beruft auf Vorschlag der berufsständischen Organisationen der Bundesernährungsminister. Berufsständische Organisationen im Sinne des § 18 Abs. 1 S. 2 sind Zusammenschlüsse von Pächtern und Verpächtern, die nicht nur örtliche Bedeutung haben. Eine berufsständische Organisation auf dem Gebiete des Pachtwesens, die das gesamte Bundesgebiet umfaßt, ist z. Zt. (1954) nicht vorhanden. Vorschlagsberechtigt dürften daher die Landesbauernverbände und der Deutsche Bauernverband (Bundesgebiet) sein. In diesen Verbänden sind in der Regel auch die Pächter und Verpächter organisiert. Als Organisationen von überörtlicher Bedeutung sind die Pächterorganisationen in Bayern und Hessen und der Domänenpächterverband in Niedersachsen hervorzuheben.

Die Mitglieder des Pachtkreditausschusses, für die je ein Vertreter zu bestimmen ist, werden für 5 Jahre berufen und können nur aus wichtigem Grunde vorher abberufen werden.

Die Bundesregierung und der Bundesernährungsminister sind an die Vorschläge des Zentralausschusses der deutschen Landwirtschaft und der berufsständischen Organisationen nicht gebunden. Sie können Vorschläge, die ihr nicht genehm sind, verwerfen und neue Vorschläge anfordern (vgl. *Wagemann* S. 52).

2. (Abs. 2 und 3) Kosten und Geschäftsordnung des Pachtkreditausschusses:

In der Geschäftsordnung, die sich der Pachtkreditausschuß gegeben hat und die vom Bundesminister für Ernährung, Landwirtschaft und Forsten genehmigt worden ist (vgl. § 18 Abs. 3), ist auch die Kostenfestsetzung geregelt. Die mit der Geschäftsführung des Pachtkreditausschusses verbundenen Kosten werden aufgebracht durch einmalige Zulassungsgebühren der die Zulassung beantragenden Banken, durch Umlagen, die von allen zugelassenen Instituten erhoben werden (sie gliedern sich in feste Jahresbeiträge und nach dem Pachtkreditvolumen variable Gebühren), sowie durch Erhebung der mit der laufenden Überwachung entstehenden tatsächlichen Kosten.

Außer den einmaligen Zulassungsgebühren sind bis jetzt (1954) nur feste Jahresbeiträge erhoben worden. Auf die Erhebung der variablen Gebühren konnte nach einer Mitteilung des Pachtkreditausschusses bisher verzichtet werden.

Wenn das Pachtkreditinstitut die von ihm eingeforderten Kosten nicht zahlt, entsteht die Frage, ob und gegebenenfalls wie das Institut zur Zahlung gezwungen werden kann. Ein vollstreckbarer Titel ist die Kostenfestsetzung durch den Pachtkreditausschuß sicherlich nicht. Zu einer Klage ist der Pachtkreditausschuß nicht berechtigt, da er mangels eigener Rechtspersönlichkeit nicht prozeßfähig ist. Das Bundesministerium für Ernährung, Landwirtschaft und Forsten wird jedoch als Aufsichtsbehörde das Recht haben, auf Zahlung an den Pachtkreditausschuß zu klagen. Da die Pflicht der Pachtkreditinstitute zur Kostenübernahme in § 18 Abs. 2 ausdrücklich festgelegt ist, muß auch ein Weg bestehen, den

Anspruch auf Zahlung der Kosten an den Pachtkreditausschuß durchzusetzen (im Ergebnis ebenso *Wagemann* S. 53). Dem Pachtkreditausschuß wird auch das Recht zugestanden werden müssen, in der Nichtzahlung der Kosten einen Grund zur Stellung eines Antrages auf Aufhebung der Zulassung gem. § 19 Abs. 2 zu sehen (zweifelnd *Wagemann* S. 53) und auf diese Weise einen mittelbaren Druck auf die Pachtbank auszuüben.

Im Jahre 1929 waren 68 Banken als Kreditinstitute zugelassen (nach *Rothe* S. 24), darunter die Deutsche Pachtbank e. G. m. b. H., bei der als größtem Spezialinstitut für Pachtkredite nahezu 90 % aller Pachtkredite im damaligen Reichsgebiet vereinigt waren. Nachfolgeinstitute der Deutschen Pachtbank sind die Land- und Pächterkreditbank e. G. m. b. H., Bonn, die Nordwestdeutsche Pachtbank (Domänenbank) e. G. m. b H., Hannover, die Landesbank Hessen e. G. m. b. H., Frankfurt/Main, die Land- und Pächterkreditbank e. G. m. b. H., Oldenburg in Oldenburg.

Über den jetzt amtierenden Pachtkreditausschuß sind 24 Kreditinstitute in Westdeutschland als Pachtkreditinstitute zugelassen worden (vgl. die Liste im Anhang 4). Nachdem das Pachtkreditgesetz durch ein am 28. 1. 1954 vom Westberliner Abgeordnetenhaus verabschiedetes Gesetz (Gesetz- und Verordnungsblatt für Berlin Nr. 6 vom 11. 2. 1954 S. 43) mit Wirkung vom 12. 2. 1954 auch in Westberlin gilt, ist der Pachtkreditausschuß auch für Westberlin zuständig geworden. Es kann damit gerechnet werden, daß nunmehr auch ein Westberliner Kreditinstitut die Zulassung als Pachtkreditinstitut beantragen wird.

§ 19

Pachtkreditausschuß

(1) Der Pachtkreditausschuß hat darüber zu wachen, daß das Pachtkreditinstitut die Voraussetzungen seiner Zulassung dauernd erfüllt. Das Pachtkreditinstitut muß ihm den hierzu erforderlichen Einblick in seine Geschäftsführung ermöglichen.

(2) Bestehen nach Auffassung des Pachtkreditausschusses die Voraussetzungen für die Zulassung nicht mehr, so hat er bei der zulassenden Stelle die Aufhebung der Zulassung zu beantragen. Will die zulassende Stelle von sich aus die Zulassung aufheben, so hat sie die Stellungnahme des Pachtkreditausschusses einzuholen. Für die Aufhebung gilt § 17 Abs. 1 Satz 2 entsprechend.

1. (Abs. 1) Überwachung durch den Pachtkreditausschuß:

Die Tätigkeit des Pachtkreditausschusses endet nicht mit der Stellungnahme und Weiterleitung des Antrages gemäß § 17 Abs. 1 S. 2. Er hat vielmehr laufend darüber zu wachen, daß das zugelassene Pachtkreditinstitut die Voraussetzungen der Zulassung dauernd erfüllt, wozu ihm die Pachtbank den hierzu erforderlichen Einblick in seine Geschäftsführung gewähren muß. Zu den zu überwachenden Voraussetzungen wird insbesondere gehören, daß das Pachtkreditinstitut den gemäß § 17

Abs. 2 S. 1 im Muster eingereichten Verpfändungsvertrag benutzt und über das erforderliche Fachpersonal verfügt (vgl. § 17 Anm. 4). Soll das Pfandvertragsmuster geändert werden, so wird das Kreditinstitut einen entsprechenden Genehmigungsantrag an den Pachtkreditausschuß zu richten haben (vgl. *Wagemann* S. 55). Indessen werden geringfügige Abweichungen vom eingereichten Muster nicht zu beanstanden sein. Verwehrt die Pachtbank dem Pachtkreditausschuß den zur Überwachung erforderlichen Einblick in ihre Geschäftsführung, so kann das ein Grund sein, die Aufhebung der Zulassung bei der zulassenden Stelle gemäß § 19 Abs. 2 S. 1 zu beantragen.

2. (Abs. 2) Aufhebung der Zulassung:

Kommt der Pachtkreditausschuß auf Grund seiner Überwachungstätigkeit (§ 19 Abs. 1) zu der Überzeugung, daß die Voraussetzungen der Zulassung nicht mehr gegeben sind, so hat er bei der zulassenden Obersten Landesbehörde (§ 17 Abs. 1) die Aufhebung der Zulassung zu beantragen. Wenn die zulassende Stelle von sich aus die Zulassung aufheben will, so muß sie vorher die Stellungnahme des Pachtkreditausschusses einholen (§ 19 Abs. 2 S. 2). Die zulassende Oberste Landesbehörde kann die Zulassung nur im Einvernehmen mit der Obersten Landwirtschaftsbehörde aufheben (§ 19 Abs. 2 S. 2 i. V. m. § 17 Abs. 1 S. 2). Bis zum Jahre 1954 hat der Pachtkreditausschuß keinen Anlaß gehabt, die Aufhebung einer Zulassung zu beantragen.

4. Teil

Erläuterungen zu ergänzenden Vorschriften

I. Vorschriften des Bürgerlichen Gesetzbuchs

1. Das Pfandrecht (Allgemeines)

§ 1204 BGB (Begriff des Pfandrechts):

Eine bewegliche Sache kann zur Sicherung einer Forderung in der Weise belastet werden, daß der Gläubiger berechtigt ist, Befriedigung aus der Sache zu suchen (Pfandrecht).

Das Pfandrecht kann auch für eine künftige oder eine bedingte Forderung bestellt werden.

Obwohl im § 1 nur § 1204 Abs. 1 BGB erwähnt ist, wird auch § 1204 Abs. 2 auf das Pachtkreditgesetz angewandt, vgl. § 1 Anm. 8.

§ 1205 BGB (Bestellung des Pfandrechts):

Zur Bestellung des Pfandrechts ist erforderlich, daß der Eigentümer die Sache dem Gläubiger übergibt und beide darüber einig sind, daß dem Gläubiger das Pfandrecht zustehen soll. Ist der Gläubiger im Besitze der Sache, so genügt die Einigung über die Entstehung des Pfandrechts.

Die Übergabe einer im mittelbaren Besitze des Eigentümers befindlichen Sache kann dadurch ersetzt werden, daß der Eigentümer den mittelbaren Besitz auf den Pfandgläubiger überträgt und die Verpfändung dem Besitzer anzeigt.

Die Vorschrift ist unanwendbar, da das Inventarpfandrecht gem. § 1 ohne Besitzübertragung bestellt wird (*Wagemann* S. 59).

§ 1206 BGB (Übergabeersatz):

An Stelle der Übergabe der Sache genügt die Einräumung des Mitbesitzes, wenn sich die Sache unter dem Mitverschlusse des Gläubigers befindet oder, falls sie im Besitz eines Dritten ist, die Herausgabe nur an den Eigentümer und den Gläubiger gemeinschaftlich erfolgen kann.

Vgl. Anm. zu § 1205.

§ 1207 BGB (Verpfändung durch Nichtberechtigte):

Gehört die Sache nicht dem Verpfänder, so finden auf die Verpfändung die für den Erwerb des Eigentums geltenden Vorschriften der §§ 932, 934, 935 entsprechende Anwendung.

Vgl. die Sondervorschriften der §§ 3, 4 Abs. 1 (leges speciales) und die Erläuterungen dort.

§ 1208 BGB
(Schutz des guten Glaubens):

Ist die Sache mit dem Rechte eines Dritten belastet, so geht das Pfandrecht dem Rechte vor, es sei denn, daß der Pfandgläubiger zur Zeit des Erwerbes des Pfandrechts in Ansehung des Rechtes nicht in gutem Glauben ist. Die Vorschriften des § 932 Abs. 1 Satz 2, des § 935 und des § 936 Abs. 3 finden entsprechende Anwendung.

Vgl. die Sondervorschrift des § 4 Abs. 2, 3 (lex specialis) und die Erläuterungen dort.

§ 1209 BGB
(Rang des Pfandrechts):

Für den Rang des Pfandrechts ist die Zeit der Bestellung auch dann maßgebend, wenn es für eine künftige oder eine bedingte Forderung bestellt ist.

Der Rang des Pfandrechts richtet sich nach dem Zeitpunkt seiner Bestellung. Diese gesetzliche Rangordnung ist zwingend (str.; wie hier *Palandt* § 1209 Anm. 1). Rangstreitigkeiten zwischen zwei Inventarpfandrechten kann es nicht geben, da mehrfache Verpfändung des Inventars bei verschiedenen Kreditinstituten unzulässig ist (RG 143, 7; vgl. § 1 Anm. 3c und § 1232).

§ 1210 BGB
(Umfang der Pfandhaftung):

Das Pfand haftet für die Forderung in deren jeweiligem Bestand, insbesondere auch für Zinsen und Vertragsstrafen. Ist der persönliche Schuldner nicht der Eigentümer des Pfandes, so wird durch ein Rechtsgeschäft, das der Schuldner nach der Verpfändung vornimmt, die Haftung nicht erweitert.

Das Pfand haftet für die Ansprüche des Pfandgläubigers auf Ersatz von Verwendungen, für die dem Pfandgläubiger zu ersetzenden Kosten der Kündigung und der Rechtsverfolgung sowie für die Kosten des Pfandverkaufs.

1. § 1210 ist zwar im Pachtkreditgesetz nicht ausdrücklich für anwendbar erklärt worden. Da er aber einen allgemeinen Grundsatz enthält, muß er auf das Inventarpfandrecht entsprechend angewandt werden (*Wagemann* S. 61; *Pick* S. 48).

2. Als Pfand ist hier das gesamte Inventar als Sachinbegriff anzusehen (vgl. § 1 Anm. 5 und Erläuterung zu § 1222). Der Haftungsumfang richtet sich zunächst nach Vereinbarung, da § 1210 abdingbar ist (*Palandt* § 1210 Anm. 1). Fehlt eine Vereinbarung darüber, dann haftet das Pfand für den jeweiligen Forderungsbestand, der vermindert (z. B. durch Rückzahlungen) oder vermehrt (z. B. durch vertragliche Zinsen, Verzugszinsen, Vertragsstrafen) sein kann.

§ 1210 Abs. 1 S. 2 wird beim Inventarpfandrecht selten praktisch werden, da nach § 1 das Inventarpfandrecht nur zur Sicherung eines dem Pächter selbst gewährten Darlehns bestellt werden kann. Immerhin kann der im § 1210 Abs. 1 S. 2 vorgesehene Fall eintreten, wenn das Inventar unter Fortbestand des Inventarpfandrechts (§ 5 Abs. 1) veräußert wird (vgl. § 10 Anm. 12b).

Das Pfand haftet auch für den Ersatz von Verwendungen (§§ 994 ff., 1216). Dieser Fall wird beim besitzlosen Inventarpfand kaum vorkommen (vgl. Anm. zu § 1213 und § 10 Abs. 3).

Die Haftung des Pfandes für Kündigung, Kosten der Rechtsverfolgung und Pfandverwertung ist in § 6 ausdrücklich bestimmt.

Über den Pfandverkauf vgl. § 10.

§ 1211 BGB
(Einreden):

Der Verpfänder kann dem Pfandgläubiger gegenüber die dem persönlichen Schuldner gegen die Forderung sowie die nach § 770 einem Bürgen zustehenden Einreden geltend machen. Stirbt der persönliche Schuldner, so kann sich der Verpfänder nicht darauf berufen, daß der Erbe für die Schuld nur beschränkt haftet.

Ist der Verpfänder nicht der persönliche Schuldner, so verliert er eine Einrede nicht dadurch, daß dieser auf sie verzichtet.

1. Vgl. § 1210 Anm. 1. *Pick* S. 67 hält ausdrücklich § 1211 für anwendbar.
2. § 770 BGB lautet:

> **Der Bürge kann die Befriedigung des Gläubigers verweigern, solange dem Hauptschuldner das Recht zusteht, das seiner Verbindlichkeit zugrunde liegende Rechtsgeschäft anzufechten.**
>
> **Die gleiche Befugnis hat der Bürge, solange sich der Gläubiger durch Aufrechnung gegen eine fällige Forderung des Hauptschuldners befriedigen kann.**

Über die beschränkte Erbenhaftung vgl. §§ 1975 ff., 1990. Konkursrechtliche Einreden (vgl. § 193 KO) und die Verjährungseinrede (§ 223 Abs. 1) stehen dem Verpfänder nicht zu (*Palandt* § 1211 Anm. 2).

§ 1212 BGB
(Erstreckung auf getrennte Erzeugnisse):

Das Pfandrecht erstreckt sich auf die Erzeugnisse, die von dem Pfande getrennt werden.

Wie bereits in Anm. 5a zu § 1 ausgeführt wurde, gehören Erzeugnisse nicht zum Inventar, soweit sie nicht zur Fortführung des Betriebes bis zu der Zeit erforderlich sind, zu der gleiche oder ähnliche Erzeugnisse voraussichtlich gewonnen werden (vgl. §§ 98 Zf. 2; 99). § 1212 ist daher nur mit dieser Einschränkung anwendbar (vgl. auch § 1120), z. B. regelmäßig auf Tierjunge (vgl. § 3 Anm. 2). Im Ergebnis ebenso *Wagemann* S. 62. Soweit hiernach die Erzeugnisse Inventar werden, entsteht das Inventarpfandrecht nicht erst mit der „Einverleibung" (vgl. § 3 Anm. 2), sondern schon mit der Trennung (*Pick* S. 52).

§ 1213 BGB
(Nutzungspfand):

Das Pfandrecht kann in der Weise bestellt werden, daß der Pfandgläubiger berechtigt ist, die Nutzungen des Pfandes zu ziehen.

Ist eine von Natur fruchttragende Sache dem Pfandgläubiger zum Alleinbesitz übergeben, so ist im Zweifel anzunehmen, daß der Pfandgläubiger zum Fruchtbezuge berechtigt sein soll.

Die §§ 1213, 1214 behandeln das Nutzungspfand, die §§ 1215 bis 1221 die Verwahrung des Pfandes durch den Pfandgläubiger. Die Vorschriften der §§ 1213—1221 setzen voraus, daß der Pfandgläubiger das Pfand im Besitz hat. Sie sind daher auf das ohne Besitzübertragung zu bestellende Inventarpfandrecht (§ 1) nicht anwendbar, „außer etwa für den kurzen Zeitraum nach Eintritt der Verkaufsberechtigung, wenn der Pfandgläubiger gemäß § 10 Abs. 3, die Herausgabe der zu verkaufenden Pfandstücke verlangt hat" (*Wagemann* S. 63; *Pick* S. 48; vgl. auch *Stillschweig* JW 26, 2606).

§ 1214 BGB
(Nutzungspfand):

Steht dem Pfandgläubiger das Recht zu, die Nutzungen zu ziehen, so ist er verpflichtet, für die Gewinnung der Nutzungen zu sorgen und Rechenschaft abzulegen.

Der Reinertrag der Nutzungen wird auf die geschuldete Leistung und, wenn Kosten und Zinsen zu entrichten sind, zunächst auf diese angerechnet.

Abweichende Bestimmungen sind zulässig.

Vgl. Anm. zu § 1213.

§ 1215 BGB
(Verwahrungspflicht):

Der Pfandgläubiger ist zur Verwahrung des Pfandes verpflichtet.

Vgl. Anm. zu § 1213.

§ 1216 BGB
(Ersatz von Verwendungen):

Macht der Pfandgläubiger Verwendungen auf das Pfand, so bestimmt sich die Ersatzpflicht des Verpfänders nach den Vorschriften über die Geschäftsführung ohne Auftrag. Der Pfandgläubiger ist berechtigt, eine Einrichtung, mit der er das Pfand versehen hat, wegzunehmen.

Vgl. Anm. zu § 1213.

§ 1217 BGB
(Verletzung der Rechte des Verpfänders durch den Pfandgläubiger):

Verletzt der Pfandgläubiger die Rechte des Verpfänders in erheblichem Maße und setzt er das verletzende Verhalten ungeachtet einer Abmahnung des Verpfänders fort, so kann der Verpfänder verlangen, daß das Pfand auf Kosten des Pfandgläubigers hinterlegt oder, wenn

es sich nicht zur Hinterlegung eignet, an einen gerichtlich zu bestellenden Verwahrer abgeliefert wird.

Statt der Hinterlegung oder der Ablieferung der Sache an einen Verwahrer kann der Verpfänder die Rückgabe des Pfandes gegen Befriedigung des Gläubigers verlangen. Ist die Forderung unverzinslich und noch nicht fällig, so gebührt dem Pfandgläubiger nur die Summe, welche mit Hinzurechnung der gesetzlichen Zinsen für die Zeit von der Zahlung bis zur Fälligkeit dem Betrage der Forderung gleichkommt.

Vgl. Anm. zu § 1213.

§ 1218 BGB (Drohender Verderb):

Ist der Verderb des Pfandes oder eine wesentliche Minderung des Wertes zu besorgen, so kann der Verpfänder die Rückgabe des Pfandes gegen anderweitige Sicherheitsleistung verlangen; die Sicherheitsleistung durch Bürgen ist ausgeschlossen.

Der Pfandgläubiger hat dem Verpfänder von dem drohenden Verderb unverzüglich Anzeige zu machen, sofern nicht die Anzeige untunlich ist.

Vgl. Anm. zu § 1213.

§ 1219 BGB (Drohender Verderb):

Wird durch den drohenden Verderb des Pfandes oder durch eine zu besorgende wesentliche Minderung des Wertes die Sicherheit des Pfandgläubigers gefährdet, so kann dieser das Pfand öffentlich versteigern lassen.

Der Erlös tritt an die Stelle des Pfandes. Auf Verlangen des Verpfänders ist der Erlös zu hinterlegen.

Vgl. Anm. zu § 1213.

§ 1220 BGB (Androhung der Versteigerung):

Die Versteigerung des Pfandes ist erst zulässig, nachdem sie dem Verpfänder angedroht worden ist; die Androhung darf unterbleiben, wenn das Pfand dem Verderb ausgesetzt und mit dem Aufschube der Versteigerung Gefahr verbunden ist. Im Falle der Wertminderung ist außer der Androhung erforderlich, daß der Pfandgläubiger dem Verpfänder zur Leistung anderweitiger Sicherheit eine angemessene Frist bestimmt hat und diese verstrichen ist.

Der Pfandgläubiger hat den Verpfänder von der Versteigerung unverzüglich zu benachrichtigen; im Falle der Unterlassung ist er zum Schadensersatze verpflichtet.

Die Androhung, die Fristbestimmung und die Benachrichtigung dürfen unterbleiben, wenn sie untunlich sind.

Vgl. Anm. zu § 1213.

§ 1221 BGB (Freihändiger Verkauf):

Hat das Pfand einen Börsen- oder Marktpreis, so kann der Pfandgläubiger den Verkauf aus freier Hand durch einen zu solchen Ver-

käufen öffentlich ermächtigten Handelsmäkler oder durch eine zur öffentlichen Versteigerung befugte Person zum laufenden Preise bewirken.

Vgl. Anm. zu § 1213 und § 10 Anm. 8.

§ 1222 BGB
(Pfandrecht an mehreren Sachen):

Besteht das Pfandrecht an mehreren Sachen, so haftet jede für die ganze Forderung.

Da das Inventarpfandrecht nicht an mehreren einzelnen Sachen, sondern an einem Sachinbegriff (Inventar, vgl. § 1 Anm. 5) bestellt wird, kann § 1222 nicht unmittelbar angewandt werden. Seine entsprechende Anwendung ist jedoch geboten, schon weil § 10 den § 1230, der denselben Rechtsgedanken wie § 1222 verwirklicht, ausdrücklich für anwendbar erklärt hat (*Wagemann* S. 64).

§ 1223 BGB
(Rückgabepflicht):

Der Pfandgläubiger ist verpflichtet, das Pfand nach dem Erlöschen des Pfandrechts dem Verpfänder zurückzugeben.

Der Verpfänder kann die Rückgabe des Pfandes gegen Befriedigung des Pfandgläubigers verlangen, sobald der Schuldner zur Leistung berechtigt ist.

Vgl. Anm. zu § 1213.

§ 1224 BGB
(Hinterlegung, Aufrechnung):

Die Befriedigung des Pfandgläubigers durch den Verpfänder kann auch durch Hinterlegung oder durch Aufrechnung erfolgen.

§ 1224 wird beim Inventarpfandrecht nur selten praktisch werden; vgl. § 1210 Anm. 2.

§ 1225 BGB
(Forderungsübergang):

Ist der Verpfänder nicht der persönliche Schuldner, so geht, soweit er den Pfandgläubiger befriedigt, die Forderung auf ihn über. Die für einen Bürgen geltenden Vorschriften des § 774 finden entsprechende Anwendung.

Vgl. Anm. zu § 1224.

§ 1226 BGB
(Verjährung der Ersatzansprüche):

Die Ersatzansprüche des Verpfänders wegen Veränderungen oder Verschlechterungen des Pfandes sowie die Ansprüche des Pfandgläubigers auf Ersatz von Verwendungen oder auf Gestattung der Wegnahme einer Einrichtung verjähren in sechs Monaten. Die Vorschriften des § 558 Abs. 2, 3 finden entsprechende Anwendung.

Vgl. Anm. zu § 1224.

§ 1227 BGB
(Schutz des Pfandrechts):

Wird das Recht des Pfandgläubigers beeinträchtigt, so finden auf die Ansprüche des Pfandgläubigers die für die Ansprüche aus dem Eigentume geltenden Vorschriften entsprechende Anwendung.

§ 1227 ist (fast) wörtlich von § 8 übernommen worden. Vgl. die Erläuterungen zu § 8. Die neben den Ansprüchen aus dem Eigentum dem besitzenden Pfandgläubiger zustehenden Besitzschutzansprüche (§§ 861, 862, 867) hat der Inventarpfandgläubiger nicht.

§ 1228 BGB
(Befriedigung durch Pfandverkauf):

Die Befriedigung des Pfandgläubigers aus dem Pfande erfolgt durch Verkauf.

Der Pfandgläubiger ist zum Verkaufe berechtigt, sobald die Forderung ganz oder zum Teil fällig ist. Besteht der geschuldete Gegenstand nicht in Geld, so ist der Verkauf erst zulässig, wenn die Forderung in eine Geldforderung übergegangen ist.

§ 1228 Abs. 1 ist von § 10 Abs. 1 S. 1 übernommen worden.

§ 1228 Abs. 2 S. 1 ist durch § 10 Abs. 2 S. 2 für anwendbar erklärt worden. Vgl. § 10 Anm. 1. § 1228 Abs. 2 S. 2 ist nicht anwendbar; vgl. § 10 Anm. 2.

§ 1229 BGB
(Verbot der Verfallklausel):

Eine vor dem Eintritte der Verkaufsberechtigung getroffene Vereinbarung, nach welcher dem Pfandgläubiger, falls er nicht oder nicht rechtzeitig befriedigt wird, das Eigentum an der Sache zufallen oder übertragen werden soll, ist nichtig.

§ 1229 ist durch § 10 Abs. 1 S. 2 für anwendbar erklärt worden. Vgl. § 10 Anm. 3.

§ 1230 BGB
(Auswahl der Pfandstücke):

Unter mehreren Pfändern kann der Pfandgläubiger, soweit nicht ein anderes bestimmt ist, diejenigen auswählen, welche verkauft werden sollen. Er kann nur so viele Pfänder zum Verkaufe bringen, als zu seiner Befriedigung erforderlich sind.

§ 1230 ist durch § 10 Abs. 1 S. 2 für anwendbar erklärt worden. Vgl. § 10 Anm. 4.

§ 1231 BGB
(Pfandherausgabe):

Ist der Pfandgläubiger nicht im Alleinbesitze des Pfandes, so kann er nach dem Eintritte der Verkaufsberechtigung die Herausgabe des Pfandes zum Zwecke des Verkaufs fordern. Auf Verlangen des Verpfänders hat an Stelle der Herausgabe die Ablieferung an einen gemeinschaftlichen

Verwahrer zu erfolgen; der Verwahrer hat sich bei der Ablieferung zu verpflichten, das Pfand zum Verkaufe bereitzustellen.

§ 10 Abs. 3 geht als lex specialis dem § 1231 vor (zweifelnd *Wagemann* S. 68).

§ 1232 BGB
(Nachstehende Pfandgläubiger):

Der Pfandgläubiger ist nicht verpflichtet, einem ihm im Range nachstehenden Pfandgläubiger das Pfand zum Zwecke des Verkaufs herauszugeben. Ist er nicht im Besitze des Pfandes, so kann er, sofern er nicht selbst den Verkauf betreibt, dem Verkaufe durch einen nachstehenden Pfandgläubiger nicht widersprechen.

§ 1232 S. 1 hat für das Inventarpfandrecht nur verhältnismäßig geringe Bedeutung, da die wichtigste Pfandrechtskonkurrenz (nämlich die zwischen dem Inventarpfandrecht des Pachtkreditinstitutes und dem gesetzlichen Verpächterpfandrecht) in den §§ 11, 12 eine Sonderregelung erfahren hat. Die Vorschrift, die den Besitz des Pfandgläubigers am Pfandstück voraussetzt, behält indessen ihre Bedeutung für den Fall, daß nach dem Inventarpfandrecht andere Pfandrechte entstanden sind. Vgl. auch § 1209 und § 4 Abs. 2 und 3.

Der Inventarpfandgläubiger (Pachtkreditinstitut) kann zwar, wenn er nicht im Besitze der Inventarstücke ist (S. 2) die Herausgabe auch von einem besitzenden nachrangigen Pfandgläubiger verlangen (§ 10 Anm. 25), nicht aber kann dieser vom vorgehenden Gläubiger die Herausgabe fordern. Dem nachfolgenden Pfandgläubiger ist, wenn er die Pfandverwertung betreiben will, ein Ablösungsrecht gem. § 1249 (vgl. § 10 Anm. 24) gegeben (*Palandt* § 1232 Anm. 1).

Ist der nachrangige Gläubiger im Besitze der Pfandsache, so kann er von seiner Verkaufsberechtigung Gebrauch machen, ohne daß der ihm vorgehende Pfandgläubiger widersprechen kann. Das Pfandrecht des vorrangigen Pfandgläubigers setzt sich am Erlöse fort (§ 1247). Vgl. auch § 11 Abs. 2 S. 1.

§ 1233 BGB
(Ausführung des Verkaufs):

Der Verkauf des Pfandes ist nach den Vorschriften der §§ 1234 bis 1240 zu bewirken.

Hat der Pfandgläubiger für sein Recht zum Verkauf einen vollstreckbaren Titel gegen den Eigentümer erlangt, so kann er den Verkauf auch nach den für den Verkauf einer gepfändeten Sache geltenden Vorschriften bewirken lassen.

§ 1233 ist von § 10 Abs. 2 S. 1 übernommen worden. Vgl. die Anm. zu § 10.

§§ 1234 bis 1249 BGB

sind durch § 10 Abs. 2 ausdrücklich für anwendbar erklärt.

Sie sind abgedruckt und erläutert in § 10 Anm. 7—24.

§ 1250 BGB
(Übergang des Pfandrechts):

Mit der Übertragung der Forderung geht das Pfandrecht auf den neuen Gläubiger über. Das Pfandrecht kann nicht ohne die Forderung übertragen werden.

Wird bei der Übertragung der Forderung der Übergang des Pfandrechts ausgeschlossen, so erlischt das Pfandrecht.

Die Vorschrift ist wörtlich (allerdings beschränkt auf Pachtkreditinstitute) in § 13 enthalten, der lex specialis zu § 1250 ist (*Wagemann* S. 77).

§ 1251 BGB
(Wirkung des Übergangs):

Der neue Pfandgläubiger kann von dem bisherigen Pfandgläubiger die Herausgabe des Pfandes verlangen.

Mit der Erlangung des Besitzes tritt der neue Pfandgläubiger an Stelle des bisherigen Pfandgläubigers in die mit dem Pfandrechte verbundenen Verpflichtungen gegen den Verpfänder ein. Erfüllt er die Verpflichtungen nicht, so haftet für den von ihm zu ersetzenden Schaden der bisherige Pfandgläubiger wie ein Bürge, der auf die Einrede der Vorausklage verzichtet hat. Die Haftung des bisherigen Pfandgläubigers tritt nicht ein, wenn die Forderung kraft Gesetzes auf den neuen Pfandgläubiger übergeht oder ihm auf Grund einer gesetzlichen Verpflichtung abgetreten wird.

Die Vorschrift ist auf das besitzlose Inventarpfandrecht nicht anwendbar, außer im Falle des § 10 Abs. 3. Vgl. §§ 1250, 1213.

§ 1252 BGB
(Erlöschen des Pfandrechts):

Das Pfandrecht erlischt mit der Forderung, für die es besteht.

§ 1252 ist von § 14 Abs. 1 übernommen worden. Vgl. die Anm. zu § 14.

§ 1253 BGB
(Erlöschen durch Pfandrückgabe):

Das Pfandrecht erlischt, wenn der Pfandgläubiger das Pfand dem Verpfänder oder dem Eigentümer zurückgibt. Der Vorbehalt der Fortdauer des Pfandrechts ist unwirksam.

Ist das Pfand im Besitze des Verpfänders oder des Eigentümers, so wird vermutet, daß das Pfand ihm von dem Pfandgläubiger zurückgegeben worden sei. Diese Vermutung gilt auch dann, wenn sich das Pfand im Besitz eines Dritten befindet, der den Besitz nach der Entstehung des Pfandrechts von dem Verpfänder oder dem Eigentümer erlangt hat.

§ 1253 ist auf das besitzlose Inventarpfandrecht nicht anwendbar, auch nicht im Falle des § 10 Abs. 3, vgl. § 14 Anm. 3 (ebenso *Saalfrank* S. 30; *Pick* S. 48).

§ 1254 BGB
(Einreden):

Steht dem Pfandrecht eine Einrede entgegen, durch welche die Geltendmachung des Pfandrechts dauernd ausgeschlossen wird, so kann der Verpfänder die Rückgabe des Pfandes verlangen. Das gleiche Recht hat der Eigentümer.

Die Vorschrift ist wegen des darin enthaltenen allgemeinen Rechtsgedankens auf das Inventarpfandrecht entsprechend anwendbar (vgl. *Pick* S. 74).

Einreden, durch die die Geltendmachung des Pfandrechts dauernd ausgeschlossen wird (vgl. § 1169) sind z. B.: ungerechtfertigte Bereicherung (§§ 812, 821; RG 86, 304), rechtskräftig entschiedene Sache, unerlaubte Handlung (§ 853), Verpflichtung zur Entpfändung (KGJ 33 A 260), Rückübertragung nach Sicherungsabtretung (RG 91, 225), nicht aber die Verjährung (*Palandt* § 1254 Anm. 1).

Da das Inventarpfandrecht besitzlos ist (vgl. § 1), kann der Pächter (als Verpfänder) die Mitwirkung des Pachtkreditinstituts zur Rückerlangung des Verpfändungsvertrages (§ 14 Abs. 2 und 3, § 15 Abs. 4) fordern (*Wagemann* S. 78, vgl. auch die ähnliche Vorschrift für die Hypothek in § 1169. Danach kann Verzicht auf die Hypothek und Rückgabe des Hypothekenbriefes verlangt werden). Über den Fall, daß Pächter und Eigentümer nicht personengleich sind (§ 1254 S. 2) vgl. § 10 Anm. 12 b.

§ 1255 BGB
(Aufhebung des Pfandrechts):

Zur Aufhebung des Pfandrechts durch Rechtsgeschäft genügt die Erklärung des Pfandgläubigers gegenüber dem Verpfänder oder dem Eigentümer, daß er das Pfandrecht aufgebe.

Ist das Pfandrecht mit dem Rechte eines Dritten belastet, so ist die Zustimmung des Dritten erforderlich. Die Zustimmung ist demjenigen gegenüber zu erklären, zu dessen Gunsten sie erfolgt; sie ist unwiderruflich.

§ 1255 Abs. 1 ist von § 14 Abs. 2 übernommen worden. § 14 Abs. 2 ist lex specialis (*Wagemann* S. 79). Über § 1255 Abs. 2 vgl. § 14 Anm. 3.

§ 1256 BGB
(Konsolidation):

Das Pfandrecht erlischt, wenn es mit dem Eigentum in derselben Person zusammentrifft. Das Erlöschen tritt nicht ein, solange die Forderung, für welche das Pfandrecht besteht, mit dem Rechte eines Dritten belastet ist.

Das Pfandrecht gilt als nicht erloschen, soweit der Eigentümer ein rechtliches Interesse an dem Fortbestehen des Pfandrechts hat.

Die Vorschrift ist wegen des darin enthaltenen allgemeinen Rechtsgedankens auf das Inventarpfandrecht entsprechend anwendbar (*Wagemann* S. 79; *Pick* S. 74; vgl. § 1063). Ein Zusammentreffen von Pfandrecht und Eigentum (Konsolidation) liegt z. B. vor, wenn das Pachtkreditinstitut dem Pächter das Inventar abkauft (vgl. § 14 Anm. 4 d).

Miteigentumserwerb genügt nicht, vgl. § 1009. Das Pfandrecht erlischt nicht, solange die Forderung mit dem Recht eines Dritten belastet ist (§ 1256 Abs. 1 S. 2), z. B. solange das Pachtkreditinstitut die Darlehnsforderung an ein anderes Pachtkreditinstitut verpfändet hat (*Wagemann* S. 79; vgl. § 13 und § 1255 Abs. 2).

Nach § 1256 Abs. 2 gilt das Pfandrecht als nicht erloschen, soweit der Eigentümer ein rechtliches Interesse am Fortbestehen des Pfandrechts hat. Dieses rechtliche Interesse wird beim Inventarpfandrecht regelmäßig bestehen, da das (zum Eigentümer des Inventars gewordene) Pachtkreditinstitut gegenüber dem auf Grund des Verpächterpfandrechts vollstreckenden Verpächter einen Anspruch auf Beteiligung am Erlös gem. §§ 11, 12 hat (*Wagemann* S. 79).

§ 1257 BGB
(Gesetzliches Pfandrecht):

Die Vorschriften über das durch Rechtsgeschäft bestellte Pfandrecht finden auf ein kraft Gesetzes entstandenes Pfandrecht entsprechende Anwendung.

Die Pfandrechtsvorschriften (§§ 1204—1256) finden auf die gesetzlichen Pfandrechte (z. B. des Vermieters, §§ 559 ff.; Pächters, § 590; Werkunternehmers, § 647; Kommissionärs, § 397 HGB usw.) entsprechende Anwendung, vor allem auf das Verpächterpfandrecht (§§ 585, 581 Abs. 2, 559 ff., vgl. die Erläuterungen dazu im Teil 4 I 2). Die Sondervorschriften der §§ 11, 12 gehen den allgemeinen Pfandrechtsvorschriften vor (*Wagemann* S. 80).

2. Das Verpächterpfandrecht

Das gesetzliche Pfandrecht des Verpächters ist in den §§ 581 Abs. 2, 559 ff., 585 geregelt. Es ist gegenüber dem Vermieterpfandrecht erweitert. Näheres in den Erläuterungen zu § 585.

§ 581 Abs. 2 BGB
(Entsprechende Anwendbarkeit der Mietvorschriften):

Auf die Pacht finden, soweit sich nicht aus den §§ 582 bis 597 ein anderes ergibt, die Vorschriften über die Miete entsprechende Anwendung.

Anwendbar sind die §§ 559—563. Abänderungen ergeben sich aus § 585.

§ 559 BGB
(Vermieterpfandrecht, eingebrachte Sachen):

Der Vermieter eines Grundstücks hat für seine Forderungen aus dem Mietverhältnis ein Pfandrecht an den eingebrachten Sachen des Mieters. Für künftige Entschädigungsforderungen und für den Mietzins für eine spätere Zeit als das laufende und das folgende Mietjahr kann das Pfandrecht nicht geltend gemacht werden. Es erstreckt sich nicht auf die der Pfändung nicht unterworfenen Sachen.

§ 559 gibt dem Vermieter bzw. dem Verpächter (§ 581 Abs. 2) ein gesetzliches Pfandrecht an den dem Pächter (Mieter) gehörenden eingebrachten Sachen. Es erstreckt sich nicht nur auf das landwirtschaftliche, sondern auch auf das sonstige (Haus-)Inventar und geht insoweit über das Inventarpfandrecht des Pachtkreditinstitutes hinaus. Ein gutgläubiger Erwerb des Verpächterpfandrechts ist nicht möglich (*Palandt* § 559 Anm. 1). Bei der Verwertung des Inventars ist § 11 zu beachten.

Das Verpächterpfandrecht besteht für alle Forderungen aus dem Pachtverhältnis, z. B. für die Pachtzinsforderung, die gesetzlichen Entschädigungsforderungen nach § 558 Abs. 1, sonstige vertragliche Forderungen (etwa Ausführung von Gebäudereparaturen), Vertragsstrafen, Kosten der Rechtsverfolgung usw. (*Palandt* § 559 Anm. 6; *Wagemann* S. 82). Nach § 585 kann das Verpächterpfandrecht für den gesamten Pachtzins geltend gemacht werden. Es ergreift auch die der Pfändung nicht unterworfenen Sachen (vgl. § 585).

§ 560 BGB
(Erlöschen des Pfandrechts):

Das Pfandrecht des Vermieters erlischt mit der Entfernung der Sachen von dem Grundstück, es sei denn, daß die Entfernung ohne Wissen oder unter Widerspruch des Vermieters erfolgt. Der Vermieter kann der Entfernung nicht widersprechen, wenn sie im regelmäßigen Betriebe des Geschäfts des Mieters oder den gewöhnlichen Lebensverhältnissen entsprechend erfolgt oder wenn die zurückbleibenden Sachen zur Sicherung des Vermieters offenbar ausreichen.

Vgl. § 559. Außer dem Erlöschensgrund des § 560 (Entfernung vom Grundstück ohne Widerspruch des Verpächters) bleiben die weiteren Erlöschensgründe (§§ 1242, 1252, 1255, 1256, 561 Abs. 2 S. 1) bestehen. Keine Entfernung im Sinne des § 560 ist Fortschaffung gepfändeter Sachen durch den Gerichtsvollzieher (*Palandt* § 560 Anm. 3). Durch Veräußerung des Grundstücks erlischt das Pfandrecht nicht. Der Verpächter hat kein Widerspruchsrecht, wenn die Entfernung im ordnungsgemäßen Geschäftsbetrieb des Pächters erfolgt (vgl. § 5 Abs. 2), oder wenn die zurückbleibenden Sachen zur Sicherung des Verpächters offenbar ausreichen.

§ 561 BGB
(Selbsthilfe):

Der Vermieter darf die Entfernung der seinem Pfandrecht unterliegenden Sachen, soweit er ihr zu widersprechen berechtigt ist, auch ohne Anrufen des Gerichts verhindern und, wenn der Mieter auszieht, die Sachen in seinen Besitz nehmen.

Sind die Sachen ohne Wissen oder unter Widerspruch des Vermieters entfernt worden, so kann er die Herausgabe zum Zwecke der Zurückschaffung in das Grundstück und, wenn der Mieter ausgezogen ist, die Überlassung des Besitzes verlangen. Das Pfandrecht erlischt mit dem Ablauf eines Monats, nachdem der Vermieter von der Entfernung der Sachen Kenntnis erlangt hat, wenn nicht der Vermieter diesen Anspruch vorher gerichtlich geltend gemacht hat.

Vgl. § 559. Das Selbsthilferecht des § 561 geht weiter als die allgemein zulässige Selbsthilfe (§§ 229 ff.). Es wird hier weder die Unmöglichkeit rechtzeitiger obrigkeitlicher Hilfe noch besondere Gefahr vorausgesetzt (über den strafrechtlichen Schutz des Verpächterpfandrechts vgl. § 289 StGB). Wird das Inventarstück auf Grund einer Pfändung entfernt, greift § 561 nicht ein (vgl. Anm. zu § 560). Der Verpächter darf zur Verhinderung der Entfernung Gewalt anwenden, z. B. die Haustür verschließen. Zieht der Pächter aus, kann der Verpächter das Inventar selbst in Besitz nehmen. Wenn die Sachen bereits entfernt sind, hat der Verpächter das Selbsthilferecht nur noch unter den allgemeinen Voraussetzungen der §§ 229 ff., dagegen einen Klageanspruch auf Rückschaffung gem. § 561 Abs. 2. Nach Ablauf der Monatsfrist des § 561 Abs. 2 S. 2 erlischt das Pfandrecht und damit auch die Klagebefugnis des Verpächters.

§ 562 BGB
(Sicherheitsleistung):

Der Mieter kann die Geltendmachung des Pfandrechts des Vermieters durch Sicherheitsleistung abwenden; er kann jede einzelne Sache dadurch von dem Pfandrechte befreien, daß er in Höhe ihres Wertes Sicherheit leistet.

Über die Art der Sicherheitsleistung vgl. §§ 232 ff.

§ 563 BGB
(Drittgläubiger):

Wird eine dem Pfandrechte des Vermieters unterliegende Sache für einen anderen Gläubiger gepfändet, so kann diesem gegenüber das Pfandrecht nicht wegen des Mietzinses für eine frühere Zeit als das letzte Jahr vor der Pfändung geltend gemacht werden.

Die Vorschrift gilt für den Verpächter eines landwirtschaftlichen Grundstücks nicht, vgl. § 585.

§ 585 BGB
(Sonderregelung für Verpächterpfandrecht)

Das Pfandrecht des Verpächters eines landwirtschaftlichen Grundstücks kann für den gesamten Pachtzins geltend gemacht werden und unterliegt nicht der im § 563 bestimmten Beschränkung. Es erstreckt sich auf die Früchte des Grundstücks sowie auf die nach § 811 Nr. 4 der Zivilprozeßordnung der Pfändung nicht unterworfenen Sachen.

§ 585 enthält eine bedeutsame Erweiterung des Verpächterpfandrechts gegenüber dem Vermieterpfandrecht. Es kann unbeschränkt für die rückständigen und zukünftigen Pachtzinsen geltend gemacht werden, nicht dagegen für künftige Entschädigungsforderungen (§ 559 S. 2; *Palandt* § 585 Anm. 2). Die Geltendmachung erfolgt durch Klage oder durch Selbsthilfe gem. § 561.

Nach § 559 ergreift das Vermieterpfandrecht nur die eingebrachten Sachen des Mieters. Das Verpächterpfandrecht erstreckt sich darüber hinaus auf die Früchte des Grundstücks (§ 99), und zwar auf die getrennten wie auf die hängenden Früchte. Einem pfändenden Drittgläubiger, der gem. § 810 ZPO nicht früher als einen Monat vor der Reife pfänden darf, geht also das Verpächterpfandrecht vor (h. M.; vgl. *Palandt* § 585 Anm. 3). Durch die Erstreckung auf alle Früchte geht das Verpächterpfandrecht insoweit auch über das Inventarpfandrecht hinaus, das nach § 1 nur an dem dem Pächter gehörenden Inventar bestellt werden kann (vgl. § 1 Anm. 5a).

Das Verpächterpfandrecht erstreckt sich schließlich auch auf die nach § 811 Zf. 4 ZPO der Pfändung nicht unterworfenen Sachen, d. h. auf das zum landwirtschaftlichen Betrieb erforderliche Gerät und Vieh nebst dem nötigen Dünger sowie die landwirtschaftlichen Erzeugnisse, soweit sie zur Fortführung der Wirtschaft bis zur nächsten Ernte erforderlich sind.

II. Vorschriften der Zivilprozeßordnung

§ 805 ZPO

Abgedruckt und erläutert bei § 12 Anm. 2

§ 810 Abs. 1 ZPO

(Pfändung der Früchte auf dem Halm):

Früchte, die von dem Boden noch nicht getrennt sind, können gepfändet werden, solange nicht ihre Beschlagnahme im Wege der Zwangsvollstreckung in das unbewegliche Vermögen erfolgt ist. Die Pfändung darf nicht früher als einen Monat vor der gewöhnlichen Zeit der Reife erfolgen.

1. Ungetrennte Früchte (Früchte auf dem Halm) sind gem. § 94 keine selbständigen Sachen. Entgegen der Regel des § 93 läßt § 810 ZPO aus praktischen Erwägungen heraus ein Pfändungspfandrecht an den ungetrennten Früchten zu. Die Früchte, wenn sie einen Monat vor der Reife stehen, haften also nicht mehr für die Schulden des Verpächters (Grundstückseigentümers), sondern für die Schulden des Pächters. Der Verpächter hat aber auf Grund seines Verpächterpfandrechts (§§ 581 Abs. 2, 559, 585) ein Recht auf vorzugsweise Befriedigung aus dem Erlös gem. § 805 ZPO (*Baumbach*, § 810 Anm. 2A; *Wagemann* S. 84; OLG 19,6; str.; vgl. § 12 Anm. 2). Eine Pfändung der Früchte für Forderungen gegen den Verpächter ist gegen den Widerspruch des Pächters (§ 771 ZPO) nicht möglich. Die Pfändungsbeschränkung des § 811 Zf. 2—4 ZPO gilt auch bei § 810 ZPO. Ist Zwangsversteigerung und Zwangsverwaltung eingeleitet, ist die Pfändung unzulässig (§ 810 Abs. 1 S. 1; vgl. §§ 21, 148 ZVG und Näheres bei *Baumbach* § 810 Anm. 2 B). Ein gesetzliches Pfandrecht, das allen an den Früchten bestehenden dinglichen Rechten vorgeht, haben die Lieferanten von Düngemitteln, anerkanntem Saatgut und zugelassenem Handelssaatgut (mit Ausnahme von Zuckerrübensamen) nach dem Gesetz zur Sicherung der Düngemittel- und Saatgutversorgung des Wirtschaftsrats vom 19. 1. 1949 (WiGBl. 1949 S. 8). Dem Gläubiger dieses Früchtepfandrechts steht also die Klage aus § 805 ZPO gegen einen Pfändungspfandgläubiger zu. Das Früchtepfandrecht erstreckt

sich nicht auf die der Pfändung nicht unterworfenen Früchte gem. §§ 811 Zf. 2—4, 865.

Die Reifezeit bestimmt sich nach der Fruchtart und der Durchschnittserfahrung für die Gegend und Lage; auf die voraussichtliche Reife im Pfändungsjahr kommt es nicht an (*Baumbach* § 810 Anm. 2 C). Die Pfändung wird durch Besitzergreifung und Kenntlichmachung bewirkt, z. B. Aufstellung von Pfandtafeln, Einzäunung, Bestellung eines Wächters usw. Über die Versteigerung der auf dem Halm gepfändeten Früchte vgl. §§ 813 und 824.

2. Getrennte Früchte werden wie alle sonstigen beweglichen Sachen behandelt. Sind sie jedoch zur Fortführung der Wirtschaft erforderlich oder sind sie Zubehör des Grundstücks (§§ 97, 98 Zf. 2), so sind sie gem. § 811 Zf. 4 und § 865 ZPO unpfändbar.

§ 811 ZPO
(Unpfändbare Sachen):

Folgende Sachen sind der Pfändung nicht unterworfen:

1. . . .

2. die für den Schuldner, seine Familie und seine Hausangehörigen, die ihm im Haushalt helfen, auf vier Wochen erforderliche Nahrungs-, Feuerungs- und Beleuchtungsmittel oder, soweit für diesen Zeitraum solche Vorräte nicht vorhanden und ihre Beschaffung auf anderem Wege nicht gesichert ist, der zur Beschaffung erforderliche Geldbetrag;

3. Kleintiere in beschränkter Zahl sowie eine Milchkuh oder nach Wahl des Schuldners statt einer solchen insgesamt zwei Schweine, Ziegen oder Schafe, wenn diese Tiere für die Ernährung des Schuldners, seiner Familie oder Hausangehörigen, die ihm im Haushalt, in der Landwirtschaft oder im Gewerbe helfen, erforderlich sind; ferner die zur Fütterung und zur Streu auf vier Wochen erforderlichen Vorräte oder, soweit solche Vorräte nicht vorhanden sind und ihre Beschaffung für diesen Zeitraum auf anderem Wege nicht gesichert ist, der zu ihrer Beschaffung erforderliche Geldbetrag;

4. bei Personen, die Landwirtschaft betreiben, das zum Wirtschaftsbetrieb erforderliche Gerät und Vieh nebst dem nötigen Dünger sowie die landwirtschaftlichen Erzeugnisse, soweit sie zur Sicherung des Unterhalts des Schuldners, seiner Familie und seiner Arbeitnehmer oder zur Fortführung der Wirtschaft bis zur nächsten Ernte gleicher oder ähnlicher Erzeugnisse erforderlich sind.

§ 811 ZPO ist zwingenden Rechts und muß von Amts wegen beachtet werden. Der Gerichtsvollzieher hat eine Pfändung trotz Gläubigerantrags und trotz vorheriger Zustimmung des Schuldners abzulehnen (*Baumbach* § 811 Anm. 2 A). Ein vorheriger Verzicht des Schuldners auf den Pfändungsschutz ist nichtig (*Baumbach* a. a. O.). Unpfändbare Inventarstücke gehören nicht zur Konkursmasse (§ 1 KO).

Unter die „Personen, die Landwirtschaft betreiben“, fallen alle, die Pächter nach dem Pachtkreditgesetz sind (vgl. § 1 Anm. 2). Das Pfandrecht des Verpächters geht weiter als § 811 Zf. 2—4 ZPO (vgl. Anm. zu § 585).

Es ist der Grundgedanke des hier besonders bedeutungsvollen § 811 Zf. 4 ZPO, das landwirtschaftliche Anwesen als Ganzes zu erhalten (vgl. *Baumbach* § 811 ZPO Anm. 6 B). Unter diesem Gesichtspunkt ist im Einzelfall zu prüfen, welches Gerät, Vieh usw. zur Fortführung der Wirtschaft erforderlich ist. Soweit die in Zf. 4 genannten Gegenstände im Eigentum des Verpächters stehen, sind sie gem. § 865 ZPO als Zubehör des Grundstücks der Pfändung überhaupt entzogen. Landwirtschaftliche Erzeugnisse, die verkauft werden sollen, um mit dem Erlös die Wirtschaft fortzuführen, fallen nicht unter Zf. 4 (*Wagemann* S. 85; *Baumbach* § 811 ZPO Anm. 6 B).

§ 813 ZPO
(Sachverständige):

Die gepfändeten Sachen sollen bei der Pfändung auf ihren gewöhnlichen Verkaufswert geschätzt werden. Die Schätzung des Wertes von Kostbarkeiten soll einem Sachverständigen übertragen werden. In anderen Fällen kann das Vollstreckungsgericht auf Antrag des Gläubigers oder des Schuldners die Schätzung durch einen Sachverständigen anordnen. Ist die Schätzung des Wertes bei der Pfändung nicht möglich, so soll sie unverzüglich nachgeholt und ihr Ergebnis nachträglich in der Niederschrift über die Pfändung vermerkt werden.

Zur Pfändung von Früchten, die von dem Boden noch nicht getrennt sind, und zur Pfändung von Gegenständen der in § 811 Nr. 4 bezeichneten Art bei Personen, die Landwirtschaft betreiben, soll ein landwirtschaftlicher Sachverständiger zugezogen werden, sofern anzunehmen ist, daß der Wert der zu pfändenden Gegenstände den Betrag von 1000 Deutsche Mark übersteigt.

Die Landesjustizverwaltung kann bestimmen, daß auch in anderen Fällen ein Sachverständiger zugezogen werden soll.

Die Zuziehung landwirtschaftlicher Sachverständiger bei der Pfändung stehender Früchte ist eine Ordnungsvorschrift, so daß die Unterlassung die Pfändung nicht ungültig macht. Die Auswahl der Sachverständigen ist Sache des Gerichtsvollziehers (vgl. die preuß. Geschäftsanweisung für Gerichtsvollzieher § 80 Nr. 2 ff.). Die Aufgabe des Sachverständigen ist die Begutachtung der Reifezeit (§ 810 ZPO), des Bestehens der Erfordernisse des § 811 Zf. 2—4 ZPO bzw. des § 865 ZPO (Zubehöreigenschaft). Ferner hat der Sachverständige den gewöhnlichen Verkaufswert zu schätzen (§ 817a ZPO).

§ 824 ZPO
(Versteigerung von Früchten auf dem Halm):

Die Versteigerung gepfändeter, von dem Boden noch nicht getrennter Früchte ist erst nach der Reife zulässig. Sie kann vor oder nach der Trennung der Früchte erfolgen; im letzteren Falle hat der Gerichtsvollzieher die Aberntung bewirken zu lassen.

§ 824 ergänzt den § 810 ZPO (vgl. die Erläuterungen dort). Die Verwertung der nach § 810 ZPO gepfändeten Früchte darf erst nach der wirklich eingetretenen Reife erfolgen. Abweichungen sind nach § 825 ZPO möglich.

III. § 117 der Kostenordnung

vom 25. 11. 1935 (RGBl. I S. 1371) mit Änderungen

Für die Niederlegung eines Verpfändungsvertrags nach dem Gesetz, betreffend die Ermöglichung der Kapitalkreditbeschaffung für landwirtschaftliche Pächter, vom 9. Juli 1926/18. März 1933 (Reichsgesetzbl. 1926 I S. 399, I S. 121)[1]), einschließlich der Erteilung einer Bescheinigung über die erfolgte Niederlegung, wird die Hälfte der vollen Gebühr erhoben.

Ein Viertel der vollen Gebühr wird erhoben:

1. für die Entgegennahme der Anzeige über die Abtretung der pfandgesicherten Forderung;

2. für die Herausgabe des Verpfändungsvertrags.

Für die Erteilung einer beglaubigten Abschrift des Verpfändungsvertrags sowie einer Bescheinigung an den Pächter, daß ein Verpfändungsvertrag bei dem Amtsgericht nicht niedergelegt ist, werden 2 bis 20 Deutsche Mark erhoben. Für Abschriften werden daneben die erwachsenen Schreibgebühren angesetzt.

Für die Niederlegung einer Vereinbarung des Pächters und des Pfandgläubigers, durch die die Erstreckung des Pfandrechts auf die nach seiner Entstehung vom Pächter erworbenen Inventarstücke ausgeschlossen wird, sowie für die Gestattung der Einsicht in die bei dem Amtsgericht niedergelegten Verpfändungsverträge werden Gebühren nicht erhoben.

Vgl. im einzelnen § 2 Anm. 3, § 3 Anm. 3, § 13 Anm. 6, § 15 Anm. 6 und § 16 Anm. 3 des Pachtkreditgesetzes.

---

[1]) Jetzt Pachtkreditgesetz vom 5. August 1951.

Anhang 1

§ 22

der Aktenordnung für die Gerichte und Staatsanwaltschaften vom 28. 11. 1934 i. d. F. vom 1. 3. 1939[1])

Landwirtschaftliche Kapitalkreditbeschaffungssachen

1. Die Führung des Registers für landwirtschaftliche Kapitalkreditbeschaffungssachen (Muster 12) und die sonstige Bearbeitung dieser Sachen ist in der Regel der Grundbuchabteilung zu übertragen. Die Blattsammlungen mit den niedergelegten Inventarverpfändungsverträgen sind in gleicher Weise aufzubewahren wie die Grundbücher. Soweit die Blattsammlungen zu heften sind, ist darauf Bedacht zu nehmen, daß eine spätere Entheftung und Rückgabe des Verpfändungsvertrags (§ 15 Abs. 4 des Gesetzes vom 9. 7. 1926[2]) [RGBl. I S. 399]) möglich ist.

2. Zu der mit einem Verpfändungsvertrag usw. anzulegenden Blattsammlung sind auch die weiteren denselben Pächter und dasselbe Inventar betreffenden Verpfändungsverträge, Anträge oder Anzeigen unbeschadet ihrer erneuten Eintragung im Register zu nehmen. Das Aktenzeichen wird stets mit der neuesten Registernummer gebildet.

3. Anträge von Pächtern auf Erteilung einer Bescheinigung, daß ein Verpfändungsvertrag bei dem Amtsgericht nicht niedergelegt ist (§ 16 Abs. 2 des Gesetzes), sind, wenn für die Angelegenheit nicht schon eine Blattsammlung besteht, zu Sammelakten zu nehmen; in einem alphabetischen Namensverzeichnis, das den Akten vorzuheften ist, sind die Pächter nachzuweisen. Dieses Namensverzeichnis steht der Einsicht durch Dritte ebenso offen, wie das Register und das zu diesem zu führende Namensverzeichnis.

---

[1]) Abgedruckt nach *Langen-Imgenberg*, Aktenordnung, Neuauflage 1951, S. 25.

[2]) Jetzt Gesetz vom 5. 8. 1951, BGBl. I S. 494.

Muster 12 (§ 22 Abs. 1)

Register für landwirtschaftliche Kapitalkreditbeschaffungssachen Kb.

Laufende Nummer	Tag des Eingangs der ersten Schrift	Familienname Vorname (bei Frauen auch Geburtsname) Stand und Wohnort des Pächters	Bezeichnung des Kreditinstituts	Betrag des Darlehns DM	Bezeichnung des Kreditinstituts, an das die Forderung abgetreten ist	Ein Verpfändungsvertrag ist niedergelegt am	Der Verpfändungsvertrag ist an den Pächter herausgegeben am	Bemerkungen
1	2	3	4	5	6	7	8	9
		1934						
1	19.11.	Zimmermann, Wilhelm, Gut Untervarresbeck	Deutsche Domänenbank, Berlin	3 000.—		8. 12. 1934		
		1935						
2	5. 6.	Werner, Adolf, Landwirt, Gut Hülsbeck	Landesbank der Rheinprovinz Düsseldorf	4 000.—		10. 6. 1935		

1. Spalte 1 wird fortlaufend für die ganze Dauer der Geltung des Kapitalkreditbeschaffungsgesetzes geführt, doch ist bei Beginn eines neuen Geschäftsjahres die Jahreszahl als Überschrift voranzustellen.

2. Die Verpfändungsverträge sind unverzüglich nach der Niederlegung, jedenfalls noch an demselben Tage, einzutragen. Spätere Anzeigen über Abtretung der Darlehnsforderung sind in Spalte 6 nachzutragen. Auf später eingehende Anzeigen über den Ausschluß von Inventarstücken aus der Verpfändung (§ 3 Abs. 2 des Gesetzes vom 9. 7. 1926 — RGBl. I S. 399[1])) ist in Spalte 9 hinzuweisen.

3. Mehrere Verpfändungsangelegenheiten, die denselben Pächter und dasselbe Inventar betreffen, sind je besonders einzutragen, aber zu einer Blattsammlung zu vereinigen; in Spalte 9 ist bei der alten Eintragung auf die neue zu verweisen.

---

[1]) Jetzt Gesetz vom 5. 8. 1951, BGBl. I S. 494.

Anhang 2

AV des RJM über die geschäftliche Behandlung der Angelegenheiten, betreffend die Kapitalkreditbeschaffung für landwirtschaftliche Pächter vom 6. 11. 1939 (1454 — VI. a 11 1325). Deutsche Justiz S. 1719 —

Nachdem durch die Verordnung vom 11. 10. 1939 — RGBl. I S. 2020 — das Gesetz, betreffend die Ermöglichung der Kapitalkreditbeschaffung für landwirtschaftliche Pächter, vom 9. 7. 1926 (RGBl. I S. 399, 412) auch in der Ostmark und im Reichsgau Sudetenland in Kraft gesetzt worden ist, bestimme ich zur Herbeiführung einer einheitlichen Handhabung über die geschäftliche Behandlung der Kapitalkreditbeschaffungssachen bei den Amtsgerichten folgendes:

1. Nach den Bestimmungen in § 22 AktO. in Verbindung mit § 4 Absatz 5 Satz 1 a. a. O. ist nicht nur im Geltungsbereich der Aktenordnung, sondern auch in der Ostmark zu verfahren.

2. Wird für den Sitz eines Betriebes (§ 2 des Gesetzes) infolge einer Änderung der Gerichtsgrenzen ein anderes Amtsgericht zuständig, so sind die Akten mit den niedergelegten Inventarverpfändungsverträgen und den sonstigen Vorgängen nebst einer beglaubigten Abschrift der Eintragung in dem Kb-Register dem nunmehr zuständigen Amtsgericht zu übersenden. In Spalte 9 des Registers ist bei dem bisherigen Amtsgericht „Abgegeben an Amtsgericht .... am ....“ und bei dem neu zuständigen Amtsgericht „Übernommen vom Amtsgericht .... am ....; früheres Aktenzeichen ....“ zu vermerken. Die Geschäftsstelle des neu zuständigen Amtsgerichts hat den Pächter und das Kreditinstitut von Amts wegen von der veränderten Zuständigkeit zu benachrichtigen.

3. Die Einsichtnahme in die niedergelegten Verpfändungsverträge, das Kb-Register und die Namenverzeichnisse ist jedem gestattet, der ein berechtigtes Interesse darlegt. Bestehen Zweifel über die Zulässigkeit der Einsichtnahme, so ist die Entscheidung des Richters herbeizuführen.

4. Das Kb-Register nebst dem Namenverzeichnis darf nicht vernichtet werden; dasselbe gilt für Kb-Akten, in denen sich ein Verpfändungsvertrag befindet. Im übrigen können die Kb-Akten nach 5 Jahren vernichtet werden. Hierbei läuft die Aufbewahrungsfrist, wenn der Verpfändungsvertrag zurückgegeben worden ist, von dem Zeitpunkt der Rückgabe des Vertrags ab. Die Sammelakten können gleichfalls nach 5 Jahren vernichtet werden.

5. Zur selbständigen Erledigung werden folgende Geschäfte auf den Rechtspfleger übertragen:

a) Die Entgegennahme von Verpfändungsverträgen, Vertragsveränderungen und Vereinbarungen sowie die Beurkundung ihres Eingangs,

b) die Ausstellung der Bescheinigungen über den Zeitpunkt der Niederlegung sowie darüber, daß kein Verpfändungsvertrag niedergelegt ist.

Die Oberlandesgerichtspräsidenten ermächtige ich, auf den Rechtspfleger auch die Entscheidung darüber zu übertragen, ob nach Vorlegung der im § 14 Abs. 3 des Gesetzes bezeichneten Erklärung der Verpfändungsvertrag zurückzugeben ist. Die Beglaubigung von Abschriften, deren Erteilung verfügt ist, liegt dem Beamten der Geschäftsstelle ob.

6. Der zuständige Beamte, der zuerst den niederzulegenden Verpfändungsvertrag in Empfang nimmt, hat sofort bei Eingang auf dem Verpfändungsvertrag oder auf einem mit dem Vertrag fest zu verbindenden Blatt an deutlich sichtbarer Stelle den Zeitpunkt des Eingangs nach Tag, Stunde und Minute zu vermerken und den Eingangsvermerk mit vollem Namen zu unterschreiben. Entsprechend ist zu verfahren, wenn ein Abänderungsvertrag oder eine Vereinbarung gemäß § 3 Abs. 2 Satz 2 des Gesetzes niedergelegt wird. Ist das Schriftstück von einem nicht zuständigen Beamten angenommen worden, so ist für unverzügliche Abgabe an den zuständigen Beamten zu sorgen.

7. Die nach § 16 Abs. 2 des Gesetzes zu erteilende Bescheinigung darüber, daß kein Verpfändungsvertrag niedergelegt ist, ist stets dahin auszustellen, daß ein Vertrag, durch den der namentlich zu bezeichnende Pächter das ihm gehörende Inventar verpfändet habe, beim Gericht nicht niedergelegt sei. Auf Wunsch des Pächters ist eine gleiche Bescheinigung auch hinsichtlich des Rechtsvorgängers des Pächters auszustellen. Ist ein Verpfändungsvertrag zwar niedergelegt, aber inzwischen wieder zurückgegeben worden, so ist dies unter Angabe des Rückgabetags zu bescheinigen. Die Bescheinigungen sind nach dem nachstehend abgedruckten Muster auszustellen und mit dem Abdruck des Gerichtsstempels zu versehen.

8. An die Stelle des § 23 Abs. 4 des Gesetzes und der danach ergangenen landesrechtlichen Bestimmungen über Gebühren und Auslagen ist die Reichskostenordnung, insbesondere ihr § 117, getreten. Diese ist auch in der Ostmark anzuwenden.

9. Entgegenstehende Bestimmungen der früheren Landesjustizverwaltungen verlieren durch diese AV. ihre Bedeutung. Soweit für die in Nr. 7 bezeichneten Bescheinigungen bei den Behörden oder den Vordrucklieferern noch Vordrucke in abweichenden Fassungen vorhanden sind, sind sie tunlichst aufzubrauchen.

Bescheinigung.

..............................[1]) hat beantragt, ihm als dem Pächter des Gutes[2]) .... gemäß § 16 Abs. 2 des Gesetzes, betreffend die Ermöglichung der Kapitalkreditbeschaffung für landwirtschaftliche Pächter vom 9. 7.

---

[1]) Name des Antragstellers.

[2]) Genaue Bezeichnung des Gutes nach seiner Benennung und Lage, andernfalls Bezeichnung nach dem Grundbuch.

[3]) Jetzt Pachtkreditgesetz vom 5. 8. 1951, BGBl. I S. 494.

1926[3] (RGBl. I S. 399) zu bescheinigen, daß bei dem unterzeichneten Amtsgericht kein Vertrag niedergelegt sei, durch den er das ihm gehörende Inventar des bezeichneten Gutes verpfändet habe.

Es wird hiermit bescheinigt, daß ein derartiger Vertrag hier — nicht niedergelegt ist — zwar niedergelegt war, aber am .... dem Pächter gemäß § 15 Abs. 4 des obenbezeichneten Gesetzes herausgegeben worden ist.

...................................., den .... 19...........

Das Amtsgericht.

(Gerichtsstempel)

....

Name und Amtsbezeichnung.

Anhang 3

Inventar-Verpfändungsvertrag

Zwischen der ....bank in .... (nachstehend „Bank" genannt) und ....

Pächter des im Grundbuch von .... Band .... Blatt ....
von .... Band .... Blatt ....
von .... Band .... Blatt ....

eingetragenen Grundvermögens (nachstehend „Pächter" genannt) wird folgender Vertrag geschlossen:

§ 1

Der Pächter bestellt der Bank gemäß § 1 des Pachtkreditgesetzes vom 5. 8. 1951 (Bundesgesetzblatt Teil I S. 494) ein Pfandrecht an dem Inventar des oben näher bezeichneten Pachthofes zur Sicherung

a) eines ihm von der Bank gewährten Darlehns in Höhe von DM[1] .... (in Worten: .... Deutsche Mark),

b) der Zinsen[1] in Höhe von .... % jährlich. Bei Verzug erhöhen sich die Zinsen auf .... % jährlich,

c) einer Betriebsüberwachungsgebühr[2] von ....% jährlich des Darlehnsnennbetrages,

d) von allen sonstigen Nebenleistungen[3] im Zusammenhang mit der Gewährung dieses Darlehns.

§ 2

Der Pächter versichert, z. Zt. Eigentümer des nachstehend aufgeführten Inventars zu sein:

Der Pächter versichert, zur freien Verfügung über das vorbezeichnete Inventar berechtigt zu sein. Es ist ihm bekannt, daß er zur Abgabe dieser Erklärung nicht berechtigt ist, wenn das Inventar ihm mit Eigentumsvorbehalt geliefert und bei der Abgabe dieser Erklärung von ihm noch nicht endgültig bezahlt war. (Die Hergabe eines Wechsels gilt nicht als endgültige Zahlung, solange die Einlösung des Papiers nicht erfolgt ist.) Folgende Inventarstücke stehen z. Zt. unter Eigentumsvorbehalt bzw. sind Drittgläubigern sicherungshalber übereignet:

---

[1]) Notwendiger Inhalt des Vertrages gem. § 2 Abs. 1 S. 3 PKrG.

[2]) Vgl. § 17 Abs. 3 PKrG.

[3]) Vgl. §§ 6, 8 Abs. 3 und 15 des Inventar-Verpfändungsvertrages.

An diesen Inventarstücken entsteht das Pfandrecht mit Erlöschen des Eigentumsvorbehaltes bzw. der Sicherungsübereignung.

§ 3

Nach dem Gesetz[4]) erstreckt sich das Pfandrecht auch auf neu erworbene und dem Inventar einverleibte Inventarstücke. Die Erstreckung kann für einzelne Stücke nur durch schriftliche Vereinbarung ausgeschlossen werden[5]).

§ 4

Der Pächter muß die Einleitung von Zessionsverhandlungen und jede Veränderung seines Pachtverhältnisses, insbesondere eine Kündigung oder Verlängerung oder den Ein- oder Austritt eines Mitpächters, unverzüglich der Bank mitteilen.

Der Pächter muß an jeder Rechtshandlung mitwirken, die nach billigem Ermessen der Bank zur Sicherung oder Erhaltung des Pfandrechts nötig ist. Insbesondere muß er alle zur Umstellung oder Ausdehnung des Kreditverhältnisses und des Verpfändungsvertrages auf Mitpächter oder andere Beteiligte erforderlichen Schritte tun.

§ 5

Ist die Inventarverpfändung nichtig[6]), so bleibt sie als Sicherungsübereignung bestehen. Übereignet werden für diesen Fall hiermit alle Inventarstücke, auf die sich das Pfandrecht erstreckt hätte; dies gilt auch für später angeschaffte Stücke. Die übereigneten Stücke bleiben dem Pächter leihweise überlassen mit der Ermächtigung, im Rahmen einer ordnungsmäßigen Wirtschaft darüber zu verfügen, und der Verpflichtung, entsprechende Ergänzungen vorzunehmen. Das Leihverhältnis erstreckt sich auf die neu angeschafften Stücke. Die Bestimmungen des Verpfändungsvertrages, die nicht notwendig selbst nichtig sind, bleiben — gegebenenfalls sinngemäß — wirksam. Die Bank kann den Abschluß eines neuen Verpfändungs- oder Übereignungsvertrages oder die Bestellung einer anderen ausreichenden Sicherheit verlangen.

Soweit ein Pfandrecht der Bank nicht zur Entstehung gelangt, weil Rechte Dritter[7]) an dem Inventar oder einzelnen Inventarstücken bestehen, tritt der Pächter durch die Verpfändungserklärung die ihm gegen die Dritten zustehenden dinglichen und schuldrechtlichen Ansprüche an die Bank ab.

§ 6

Der Pächter muß sein Inventar ordnungsmäßig erhalten und ergänzen. Er muß es vollwertig gegen Feuer und Hagel versichern und dies der Bank nachweisen. Fällige Versicherungsbeiträge kann die Bank zu Lasten

---

[4]) Vgl. § 3 Abs. 2 PKrG.

[5]) Vgl. § 3 Abs. 1 S. 2 PKrG.

[6]) z. B. weil der Verpfänder kein „Pächter" im Sinne des Pachtkreditgesetzes ist oder die Zulassung des Kreditinstitutes als Pachtkreditinstitut erloschen war.

[7]) Vgl. §§ 4 Abs. 2; 7 PKrG.

des Pächters bezahlen. Den Ersatz schuldet der Pächter als Nebenleistung gemäß § 1d dieses Vertrages. Die für das Darlehn gegebenen Sicherheiten erstrecken sich auf die der Bank infolge dieser Zahlung gegen den Pächter zustehende Ersatzforderung. Die Versicherungsansprüche tritt der Pächter der Bank sicherungshalber in Höhe der pfandgesicherten Forderung mit Rang vor dem Reste ab. Mit jeder Erhöhung der pfandgesicherten Forderung, insbesondere durch Gewährung eines Zusatzdarlehns, erhöht sich in gleichem Maße der Betrag dieser Abtretung. Die Versicherungsgesellschaft ist anzuweisen, der Bank einen Sicherungsschein zu erteilen.

§ 7

Der Pächter darf über einzelne Inventarstücke im Rahmen einer ordnungsmäßigen Wirtschaft verfügen[8]).

Der Bank ist jedoch jede erhebliche Änderung des Inventarbestandes mitzuteilen.

Erhebliche Eingriffe in das Inventar dürfen nur nach vorher eingeholter schriftlicher Einwilligung der Bank vorgenommen werden. Ein erheblicher Eingriff liegt insbesondere immer vor, wenn

1. eine bestimmte Tiergattung (z. B. Kuh-, Jungvieh-, Schweine-, Schafherde) ganz abgeschafft,
2. abgesehen von der normalen Veräußerung von Masttieren innerhalb eines Jahres
   a) eine bestimmte Tiergattung in ihrem Bestand um mehr als 20 % der Stückzahl oder des Wertes,
   b) das ganze lebende Inventar um mehr als 15 % der Stückzahl — nach Großvieh gerechnet — oder des Wertes,
   c) das ganze Inventar um mehr als 15 % des Wertes vermindert wird.

Der Pächter ist verpflichtet, jeden Käufer von Inventarstücken auf das Pfandrecht der Bank hinzuweisen und ihn in den Fällen des Abs. 3 darauf aufmerksam zu machen, daß die schriftliche Einwilligung der Bank notwendig ist.

Sicherungsübereignungen wesentlicher Inventarteile (Abs. 3) an Dritte sind nur mit ausdrücklicher Genehmigung der Bank zulässig.

§ 8

Die Bank kann nach ihrem Ermessen einmalig und laufend den Betrieb des Pächters einer eingehenden Besichtigung unterziehen und die wirtschaftliche Lage an Hand der Buchführung überprüfen. Der Pächter muß die erforderlichen Einblicke in seine Wirtschaftsführung geben, Bücher vorlegen, Wirtschaftsübersichten einsenden und nötigenfalls Dritte von ihrer Schweigepflicht entbinden. Die Bank kann verlangen, daß der Pächter eine ordnungsmäßige Buchführung einrichtet und daß er sich einer ihr genehmen Buchstelle oder Wirtschaftsberatung anschließt.

Die Wirtschaftskontrolle oder -beratung wird durch die Bank oder eine von ihr beauftragte Stelle ausgeführt[9]).

---

[8]) Vgl. § 5 Abs. 2 PKrG.

[9]) Vgl. § 17 Abs. 3 PKrG.

Die Kosten der Betriebsführung und -überwachung sowie einer Wirtschaftsberatung trägt der Pächter. Die Bank kann für die Kosten Pauschalbeträge festsetzen. Diese Kosten sind Nebenleistungen gemäß § 1c bzw. 1d dieses Vertrages.

§ 9

Die Bank kann ihr Pfandrecht jederzeit gerichtlich geltend machen[10]). Der Pächter muß die Bank von bevorstehenden oder erfolgten Zwangsvollstreckungen sofort benachrichtigen.

§ 10

Das Darlehn kann von dem Pächter zu jedem Zinszahlungstermin (.. jd. Js.) zuzüglich der Zinsen für das laufende Zinshalbjahr, (das am .... jd. Js. endet), zurückgezahlt werden. Die Rückzahlung muß der Bank jeweils bis spätestens .... eines jeden Jahres angekündigt werden.

§ 11

Die Bank kann das Darlehn fristlos zur sofortigen Rückzahlung kündigen[1]), wenn

a) der Pächter mit einer ihm obliegenden Leistung länger als vier Wochen ganz oder teilweise im Rückstand bleibt,
b) sich die Vermögenslage des Pächters oder eines Gesamtschuldners oder eines Bürgen wesentlich verschlechtert, insbesondere wenn er seine Zahlungen einstellt, von ihm angenommene Wechsel zu Protest gehen, eine Zwangsvollstreckung gegen ihn vorgenommen, über sein Vermögen das Konkurs- oder Vergleichsverfahren eröffnet wird,
c) nach einer auf billigem Ermessen beruhenden Feststellung der Bank Tatsachen vorliegen, auf Grund deren die für das Darlehn gegebenen Sicherheiten aus rechtlichen oder tatsächlichen Gründen nicht mehr ausreichen,
d) der Pächter über seine wirtschaftliche Lage oder die Eigentumsverhältnisse am Inventar unrichtige Angaben gemacht hat, die nach billigem Ermessen der Bank für die Gewährung oder Belassung des Darlehns wesentlich waren,
e) das Pachtverhältnis endigt oder gekündigt wird,
f) der Pächter den in §§ 4, 6—9 dieses Vertrages üernommenen Verpflichtungen zuwiderhandelt,
g) Wechsel des Pächters von der Rediskontstelle der Bank abgelehnt werden,
h) der Schuldner gegen die Darlehns- und Sicherungsvereinbarungen verstößt, insbesondere das Darlehn nicht unverzüglich zweckentsprechend verwendet.

§ 12

Der Pächter ermächtigt die Bank, nach dem Erlöschen des Pfandrechts die Herausgabe des Verpfändungsvertrages an sie bei dem zuständigen

---

[10]) Vgl. § 5 Abs. 2 PKrG.

Amtsgericht gemäß § 15 Abs. 4 des Pächterkreditgesetzes für ihn zu verlangen, und gibt auf Verlangen der Bank ihr oder dem Amtsgericht gegenüber eine entsprechende schriftliche Erklärung ab. Wird der Vertrag vom Amtsgericht dem Pächter herausgegeben, so übersendet er ihn alsbald der Bank.

§ 13

Verwertet die Bank das Inventar durch Pfandverkauf, so ist sie von den Verpflichtungen der §§ 1234, 1236, 1237 Satz 2, 1238 und 1241 BGB. und den sonst zu beachtenden Formvorschriften und Beschränkungen in dem gesetzlich zulässigen Umfang befreit. Sie kann nach freier Wahl Befriedigung aus dem verpfändeten Inventar oder aus dem sonstigen Vermögen des Pächters suchen.

§ 14

Gerichtsstand für alle Ansprüche und Streitigkeiten aus diesem Vertrage, auch aus Wechseln und Schecks, ist das für die Bank zuständige Amtsgericht oder Landgericht.

§ 15

Alle Kosten, Gebühren und Auslagen, die in Zusammenhang mit diesem Vertrag, seiner Niederlegung und Herausgabe und mit Nachtragsvereinbarungen aller Art entstehen, trägt der Pächter als Nebenleistung gemäß § 1d dieses Vertrages.

.............................., den ...., den ....

Anhang 4

Verzeichnis der als Pachtkreditinstitute zugelassenen Banken im Bundesgebiet

1. Land- und Pächterkreditbank e. G. m. b. H.,
   Bonn, Poppelsdorfer Allee 64.
2. Nordwestdeutsche Pachtbank (Domänenbank) e. G. m. b. H.,
   Hannover, Deisterstr. 4.
3. Land- und Pächterkreditbank Oldenburg e. G. m. b. H.,
   Oldenburg i. Oldbg.
4. Landbank Hessen e. G. m. b. H.,
   Frankfurt a. M., Am Hauptbahnhof 10.
5. Landwirtschaftliche Rentenbank,
   Frankfurt a. M., Bürgerstr. 9-11.
6. Deutsche Genossenschaftskasse,
   Frankfurt a. M., Taunustor 3.
7. Rheinische Girozentrale und Provinzialbank,
   Düsseldorf, Friedrichstr. 56-60.
8. Landesbank für Westfalen (Girozentrale),
   Münster i. W., Postfach 133.
9. Hannoversche Landeskreditanstalt,
   Hannover, Am Schiffgraben 2.
10. Braunschweigische Staatsbank,
    Braunschweig.
11. Oldenburgische Landwirtschaftsbank e. G. m. b H.,
    Oldenburg i. Oldbg.
12. Landesbank und Girozentrale Schleswig-Holstein,
    Kiel, Neue Straße 30.
13. Landschaftliche Bank Schleswig-Holstein,
    Kiel, Martensdamm 2.
14. Landeskreditkasse zu Kassel,
    Kassel, Seidlerstr. 1.
15. Hessische An- und Verkaufs-Genossenschaft e. G. m. b. H.,
    Kassel, Kunoldstr. 49.
16. Hauptgenossenschaft Corbach e. G. m. b. H.,
    Corbach 1 (Waldeck).
17. Nassauische Landesbank — Nassauische Sparkasse —,
    Wiesbaden, Rheinstr. 42-44.
18. Hessische Landesbank — Girozentrale —,
    Darmstadt, Paulusplatz 1.

19. Württembergische Landwirtschaftsbank G. m. b. H., Stuttgart-W., Johannesstr. 86.
20. Spar- und Kreditbank e. G. m. b. H., Karlsruhe (Baden), Lauterbergstr. 3.
21. Hohenzollerische Landesbank — Spar- und Leihkasse —, Sigmaringen.
22. Bayerische Landesbodenkreditanstalt, München.
23. Landesgenossenschaftsbank e. G. m. b. H., Hannover, Rathenauplatz 5/6.
24. Deutsche Siedlungsbank, Bonn, Beringstr. 1.

Paragraphenverzeichnis

(Die Zahlen bezeichnen die Seiten)

Pachtkreditgesetz

§ 1 4, 10—18, 21—24, 29, 37, 54, 55, 63, 68—71, 73, 77, 81, 82, 90
§ 2 4, 15, 18—25, 27, 30, 37, 54—61, 63, 84, 87, 90
§ 3 4, 13, 14, 22—24, 26, 30, 31, 60, 69, 70, 84, 86, 88, 91
§ 4 5, 14, 16, 18, 22, 23, 24—28, 31, 43, 49, 50, 53, 69, 75, 91
§ 5 5, 23, 28—31, 33—35, 42, 49, 59, 70, 79, 92, 93
§ 6 5, 31, 90
§ 7 5, 27, 31—33, 43, 53, 56, 91
§ 8 6, 28, 29, 33—35, 47, 74, 90
§ 9 6, 35, 36, 49, 50, 52, 59, 64
§ 10 6, 17, 18, 30, 33, 35—48, 50, 51, 56, 70, 71, 73—77
§ 11 6, 12, 24, 27, 29, 32, 35, 38, 45—47, 48—54, 59, 75, 78, 79
§ 12 7, 29, 45, 53, 54, 75, 78, 81
§ 13 7, 11, 21, 47, 51, 54, 55, 57, 76, 78, 84
§ 14 7, 47, 55—57, 59, 76, 78, 88
§ 15 7, 20—22, 26, 57—60, 61, 77, 84, 85, 89, 90, 94
§ 16 8, 20, 29, 57, 60, 61, 84, 85, 88
§ 17 8, 11, 12, 36, 54, 62—64, 66, 67, 90, 92
§ 18 8, 62, 64—66
§ 19 9, 63, 66, 67

Bürgerliches Gesetzbuch

§ 24 20
§ 92 13
§ 94 81
§ 97 13, 82
§ 98 12—14, 70, 82
§ 99 70, 80
§ 116 ff. 19
§ 121 43
§ 125 20
§ 135 32
§ 136 32
§ 145 ff. 19
§ 156 39
§ 183 45
§ 223 70
§ 226 38
§ 229 ff. 80
§ 232 ff. 80
§ 260 13
§ 268 47, 51
§ 276 25
§ 277 25
§ 293 ff. 47
§ 305 15
§ 349 41
§ 360 41
§ 362 ff. 56
§ 372 ff. 52
§ 383 39, 40
§ 384 43
§ 394 55
§ 401 32, 47
§ 402 32
§ 412 47
§ 433 ff. 43
§ 456 39, 41
§ 457 39, 41
§ 461 43
§ 558 79
§ 559 27, 48, 52, 78—81
§ 560 27, 29, 30, 78—80
§ 561 33, 78, 79, 80
§ 562 78, 80
§ 563 78, 80
§ 581 27, 52, 78, 79, 81
§ 582 ff. 12
§ 585 27, 48, 52, 53, 78—82
§ 586 13, 14
§ 588 23, 29
§ 590 78

§ 607 15
§ 647 30, 78
§ 770 70
§ 774 73
§ 812 ff. 33, 77
§ 821 77
§ 823 ff. 22, 25, 26, 33, 35, 50, 59
§ 853 77
§ 861 74
§ 862 74
§ 867 74
§ 926 32
§ 932 24, 25, 44, 68, 69
§ 933 18, 44
§ 934 44, 68
§ 935 24, 27—29, 44, 68, 69
§ 936 43, 44, 69
§ 945 57
§ 949 57
§ 950 57
§ 973 57
§ 985 ff. 33, 34, 47
§ 987 35
§ 988 35
§ 989 34, 35
§ 990 34, 35
§ 991 34, 35
§ 992 34, 35
§ 994 ff. 70
§ 998 12
§ 1004 34, 35
§ 1007 34
§ 1009 78
§ 1031 32
§ 1035 13
§ 1043 29
§ 1048 23
§ 1055 12
§ 1063 77
§ 1115 19
§ 1118 31
§ 1120 32, 70
§ 1121 29, 30, 32
§ 1122 29
§ 1123 32
§ 1127 18
§ 1128 18
§ 1133 33, 35
§ 1134 33, 35
§ 1135 33, 35
§ 1142 47
§ 1149 38
§ 1169 77
§ 1204 10, 11, 15, 16, 18, 30, 68
§ 1205 68
§ 1206 68
§ 1207 24, 25, 28, 68
§ 1208 27, 43, 69
§ 1209 21, 27, 69, 75
§ 1210 16—18, 31, 46, 69, 70, 73
§ 1211 70
§ 1212 14, 23, 70
§ 1213 70—73, 76
§ 1214 71
§ 1215 71
§ 1216 70, 71
§ 1217 71
§ 1218 71, 72
§ 1219 43, 44, 71, 72
§ 1220 43, 44, 71, 72
§ 1221 39, 40, 43, 44, 71, 72
§ 1222 38, 47, 69, 73
§ 1223 11, 37, 73
§ 1224 73
§ 1225 47, 73
§ 1226 73
§ 1227 33, 74
§ 1228 18, 36, 37, 39, 40, 42—45, 47, 74
§ 1229 36, 37, 74
§ 1230 36, 38, 43, 44, 49, 73, 74
§ 1231 47, 74, 75
§ 1232 47, 69, 75
§ 1233 38, 42—44, 75
§ 1234 36, 38—40, 42, 44, 45, 75, 94
§ 1235 36, 38, 39, 42—45, 75
§ 1236 36, 38, 40, 42, 45, 75, 94
§ 1237 36, 38, 40, 42—45, 75, 94
§ 1238 36, 38, 41, 42, 45, 46, 75, 94
§ 1239 36, 38, 40, 41, 42, 45, 46, 75
§ 1240 36, 38, 39, 42—45, 75
§ 1241 36, 42—44, 75, 94
§ 1242 33, 36, 38, 41—47, 75, 79
§ 1243 36, 38—40, 42—45, 50, 75
§ 1244 36, 38, 39, 42, 44, 45, 50, 75
§ 1245 36, 39—45, 50, 75
§ 1246 20, 35, 36, 40, 42, 44—46, 75
§ 1247 36, 41—43, 46, 52, 53, 75
§ 1248 36, 39, 42, 46, 47, 75
§ 1249 36, 42, 47, 51, 75
§ 1250 47, 55, 76
§ 1251 76
§ 1252 18, 37, 56, 76, 79
§ 1253 56, 76
§ 1254 17, 47, 56, 57, 59, 77
§ 1255 32, 56, 77—79
§ 1256 17, 56, 77, 79
§ 1257 78
§ 1258 11

§ 1264 31
§ 1274 32, 55
§ 1275 32
§ 1279 32
§ 1378 23
§ 1421 12
§ 1975 ff. 70
§ 1990 70
§ 2130 12
§ 2164 32

Zivilprozeßordnung

§ 17 20
§ 771 81
§ 777 37
§ 794 19
§ 803 38, 49
§ 805 48, 50, 53, 54, 81
§ 810 27, 54, 81—83
§ 811 80—83
§ 813 82, 83
§ 814 37, 38, 42
§ 816 ff. 37, 38, 40, 42
§ 817a 83
§ 818 38, 49
§ 824 82, 83
§ 825 37, 38, 42, 83
§ 851 55
§ 865 82, 83
§ 883 47

Handelsgesetzbuch

§ 3 11
§ 355 56
§ 356 56
§ 366 29
§ 368 39
§ 369 ff. 27
§ 366—372 11
§ 397 78

Konkursordnung

§ 1 82
§ 48 ff. 53
§ 49 53
§ 118 53
§ 119 53
§ 127 36
§ 193 70

Gesetz über die Angelegenheiten der freiwilligen Gerichtsbarkeit

§ 1 20
§ 7 20, 21
§ 12 21
§ 19 ff. 57, 59, 60
§ 116 20, 46

Kostenordnung

§ 1 22
§ 21 61
§ 72 61
§ 117 22, 24, 55, 59—61, 84, 88

Zwangsversteigerungsgesetz

§ 21 81
§ 91 32
§ 148 81

Grundbuchordnung

§ 12 60
§ 13 58

Sachverzeichnis

(Die Zahlen bezeichnen die Seiten)

A

Ablösungsrecht 47, 51, 53, 54
Abtretung 11, 36, 46, 51, 54—56, 84, 86, 91
Ackerbau 12
Aktenordnung 85—87
Amtsgericht 19—21, 23, 26, 28, 29, 31, 46, 52, 54, 55, 57—61, 87—89, 94
Aufhebung des Pfandrechts 55, 56
Aufrechnung 55, 73
Ausgleichsanspruch 50—52

B

Bankenaufsicht 62
Bankgeheimnis 62, 63
Beleihungsgrenze 11
Bereicherungsanspruch 53
Bescheinigung über Niederlegung des Pfandvertrages 20, 22, 58, 84, 85, 88, 89
Besitz (Besitzschutz, Besitzübertragung) 2, 10, 17, 18, 33, 56, 68, 70, 71, 74—76
Bestellung des Inventarpfandrechts 18, 19
Beweislast 23, 27
Börsen- oder Marktpreis 40, 44, 72
Bürge 70, 72, 73, 76, 93

D

Darlehn (s. auch Forderung) 10, 11, 14 ff., 37, 70, 86, 90, 92, 93
Düngemittel- und Saatgutversorgung (Gesetz zur Sicherung der ...) 27
Duldung der Zwangsvollstreckung s. Zwangsvollstreckung

E

Eigentum 14, 24, 26—30, 32—34, 37—47, 68, 69, 74, 75, 77, 78, 81, 83, 90
Eigentumsklage 34
Eigentumsstörungsklage 34
Eigentumsvorbehalt 24—27, 90, 91
Einigung 18, 19, 21
Einstweilige Verfügung 30, 33
Erbe 32, 70
Erlöschen des Pfandrechts 18, 30, 37, 43, 54—57, 59, 76—80, 93
Ersitzung 57
Erzeugnisse 13, 28, 70, 81—83
Erzeugungssteigerung 2, 36, 62—64

F

Fälligkeit 19, 37, 51, 52, 54, 74
Forderung (s. auch Darlehn) 19, 31, 37, 51, 52, 54—57, 68, 70, 73, 76, 78, 79, 81
Formvorschriften 19, 20
Forstwirtschaft 13
Freiwerden von der Haftung 28—30
Früchte s. Erzeugnisse
Früchtepfandrecht 27, 81
Früchte auf dem Halm 54, 80, 81, 83
Fund 57

G

Gartenbau 12
Geltungsbereich des PKrG 10
Geltungsdauer des PKrG 2 f., 17
Gerichtliche Geltendmachung 28, 30, 31, 93
Geschäftliche Behandlung der Pachtkreditsachen s. Pachtkreditsachen
Geschäftsfähigkeit 19
Geschäftsordnung des Pachtkreditausschusses 64, 65
Geschichte des PKrG 1 ff.
Grundstück s. Landwirtschaftliches Grundstück
Guter Glaube 1, 16, 18, 21, 24, 26—29, 31—33, 38, 39, 42—45, 47, 49, 50, 69, 79

H

Haftung 28—31, 69, 76
Hinterlegung 52, 54, 72, 73
Hypothek 18, 21, 29—33, 35, 56, 77

I

Inventar 1, 10, 12, 13, 19, 22, 24—26, 28, 30—32, 35—48, 50, 52—54, 56, 79—81, 84—86, 88, 90—92, 94
Inventarverpfändung s. Verpfändungsvertrag
Inventarverzeichnis 23

K

Kabelpfandrecht 18, 21
Kaufmann 11, 39
Kb-Register 21, 58—60, 85—87
Klage aus früherem Besitz 34
Konkurs 26, 30, 36, 45, 52, 53, 55, 70, 93
Konkursverwalter 14, 36
Kontokorrent 15, 56
Kosten 10, 22, 24, 31, 55, 56, 59, 61, 64—66, 69, 70, 79, 84, 88, 93, 94
Kredit (s. auch Darlehn) 1, 11, 14, 17, 36, 62, 64, 66
Kreditinstitut s. Pachtkreditinstitut

L

Landesbehörden s. Oberste Landesbehörden
Landesrecht 10
Landgericht 54, 94
Landpachtgesetz 12
Landwirtschaftliches Grundstück s. Pachtgrundstück
Leihe 25, 91

M

Miteigentum 11, 14, 78, 91
Mobilarhypothek 2

N

Nebenbetriebe 13, 14
Nebenleistungen 19, 90, 92—94
Negativattest s. Pfandfreiheitsbescheinigung
Niederlegung des Pfandvertrages 11, 17, 18, 20—24, 28, 30, 57, 58, 84, 86—89, 94
Nießbrauch 11, 27, 29, 32, 33, 43, 47
Novation 15

O

Oberste Landesbehörden 3, 54, 62, 63, 67
Oberste Landwirtschaftsbehörde 62, 63, 67
Obstbau 12
Öffentliche Versteigerung 39—41, 44—46, 50, 53, 72, 73, 82, 83
Örtliche Zuständigkeit s. Zuständigkeit
Ordnungsmäßige Wirtschaft 23, 28—30, 35, 91, 92

P

Pachtbank s. Pachtkreditinstitut
Pachtgrundstück 10—13, 23, 28, 31, 32, 34, 35, 40, 60, 80
Pachtkreditausschuß 2 ff., 12, 18, 29, 51, 62—67
Pachtkreditinstitut 2 f., 10 ff., 15, 21, 25—37, 40, 45—59, 62—67, 75, 77—79, 86, 87, 90, 91, 95
Pachtkreditsachen 10, 85—89
Pächter 1, 3, 10—12, 14—16, 19, 20, 22—24, 26, 28, 29, 32, 34—37, 42, 48—50, 52, 55—60, 64, 65, 70, 77—87, 90—94
Pächterentschuldungsverordnung 11
Pfandfreiheitsbescheinigung 20, 57, 60, 61
Pfandgläubiger 28, 30, 31, 33—49, 53, 55, 60, 68—76, 84
Pfandverkauf (s. auch Pfandverwertung) 33, 36—47, 70, 74, 75, 94
Pfandverwertung 12, 30—33, 35—47, 49—52, 75, 94
Pfändung s. Pfändungspfandrecht
Pfändungspfandrecht 27, 29, 32, 33, 55, 81

R

Rang mehrerer Pfandrechte 21, 26, 27, 29, 33, 37, 48, 53, 69, 75
Rechtspfleger 58, 87, 88
Register s. Kb-Register
Registerpfand 21
Rückgabe des Pfandvertrages 59, 61, 85, 87, 88

S

Saatgutversorgung s. Düngemittel
Sachgesamtheit 13, 17, 69, 73
Sachinbegriff s. Sachgesamtheit
Schadensersatz 22, 34, 35, 39, 40, 43—45, 50, 51, 55, 59
Scheck 94
Schiffshypothek 18, 21
Schriftform 19, 20

Schutzgesetz 22, 35, 50
Selbsthilferecht 79, 80
Sequester 34
Sicherungsübereignung 1 f., 18, 25, 26, 28, 90—92
Sitz des Betriebes 19, 20

T

Teilverpfändung 14, 23
Testamentsvollstrecker 14
Titel s. Vollstreckbarer Titel
Treu und Glauben 38, 40

U

Überpfändung 49
Überwachung 62, 63, 92, 93
Unpfändbare Sachen 82
Unterlassungsklage 29, 34
Unternehmerpfandrecht 27, 30
Urkunde 20

V

Verarbeitung 57
Veräußerungsverbot 32, 33
Verbindung 57
Verfallklausel 37
Verfügungen 28, 30, 91, 92
Vergleichsverfahren 93
Verkaufsandrohung 38, 39
Vermischung 57
Verpfändung s. Verpfändungsvertrag
Verpächter 19, 25, 28, 29, 32—36, 45—54, 57, 59, 62—65, 78—83
Verpächterpfandrecht 1 f., 24, 27, 32, 33, 37, 48—50, 52, 53, 75, 78—82
Verpfändungsvertrag 14, 16, 18, 19, 21—23, 26, 29, 31, 46, 55, 57—63, 67, 77, 84—88, 90, 91, 93
Versicherungsforderung 17 f., 56, 91, 92
Verständigung zwischen Verpächter und Pachtkreditinstitut 35, 36, 49, 50
Versteigerung s. Öffentliche Versteigerung
Verzicht 56
Vollstreckbarer Titel 36—38, 42, 75
Vollstreckbare Urkunde 19, 31
Vollstreckungsgericht 54
Vorzugsweise Befriedigung 48, 50, 53, 54, 81

W

Wechsel 1, 90, 93, 94
Weidewirtschaft 12
Weinbau 12
Westberlin 66
Wiesenwirtschaft 12
Wirtschaftsberatung 12, 62, 63, 92, 93
Wirtschaftsüberwachung 12, 63

Z

Zeitpunkt der Niederlegung des Verpfändungsvertrages 20, 22, 24, 26, 57—59, 88
Zinsen 19, 90, 93
Zubehör 13, 14, 82, 83
Zulassung als Pachtkreditinstitut 2 f., 11 f., 62, 63, 65—67, 91
Zurückbehaltungsrecht 27
Zuständigkeit (des Amtsgerichts) 20, 30, 46, 60, 61, 87, 88
Zwangsversteigerung 32, 81
Zwangsverwaltung 34, 81
Zwangsvollstreckung 26, 30, 31, 33, 37—47, 53, 55, 81, 93

Kolibri 360 GmbH
Ferdinand-Jühlke-Straße 7
99095 Erfurt, Deutschland
produktsicherheit@kolibri360.de